Bruno Erni
Ich sehe deine Seele

Bruno Erni

Ich sehe deine Seele

Wie du gesund und glücklich deine
Bestimmung leben kannst

Giger Verlag

2. Auflage 2018
© Giger Verlag GmbH, CH-8852 Altendorf
Telefon 0041 55 442 68 48
www.gigerverlag.ch
Lektorat: Monika Rohde
Umschlaggestaltung:
Hauptmann & Kompanie Werbeagentur, Zürich
Umschlagfoto: Martin Niederberger
Layout und Satz: Roland Poferl Print-Design, Köln
Druck und Bindung: GGP Media GmbH, Pößneck
Printed in Germany

ISBN 978-3-906872-29-2

Inhaltsverzeichnis

Vorwort 13
   Einleitende Worte über mich 18

Deine Erwartungen an dieses Buch 24
   Wer bist du? 26
   Welcher Typ bist du? 28
   Geschichte aus der Praxis: Schmerzen nach
   14 Jahren endlich weg 35

Ein spezielles Experiment 41
   Der Start meiner Praxis 42

Wenn der Körper zwickt, hat die Seele schon zweimal
   geklingelt 45
   Geschichte aus der Praxis: So wurde Toni wieder
   gesund 47
   Die TONI-Methode 49

Plötzlich sah ich die Seele – So lese ich den
   Seelenauftrag 55
   Erwartungsdruck stört das Lesen 58

Anruf bei meiner Seele: Zeige mir mein Talent 58
Anruf bei meiner Seele: Was ist mein Seelen-
auftrag? 60
Die Vermischung mit der Logik 61
Geschichte aus der Praxis: Das Vermächtnis von
Thomas 62

Wenn die Seele den Körper verlässt – Ärzte berichten 67
   Unauslöschliche Erfahrung – Einmal Himmel
   und zurück 69

Seelenoasen 72
   Übung 1: Seelenoase finden 72
   Übung 2: Rote Tomate, das Tor zur Seelenoase 74

Was alles so passieren kann 76
   Geschichte aus der Praxis: Kleine Wunder im
   Einkaufszentrum 76
   Geschichte aus der Praxis: Opernsängerin kann
   wieder singen 78
   Geschichte aus der Praxis: 24-Stunden-Rennpilot
   im roten Bereich 79
   Geschichte aus der Praxis: Was macht die Frau auf
   unserer Toilette? 82
   Geschichte aus der Praxis: Herzschlag bei
   250 pro Minute 83
   Was hättest du gemacht an meiner Stelle? 84

Das Geheimnis deiner Gehirnfrequenzen 87
   Wie erreichst du einen ruhigen Bergsee? 89
   Welche Gehirnfrequenz-Wellen gibt es? 89
   Wann bist du in welchem Modus 90
   In welcher Gehirnfrequenz kann ich meinen Bergseegrund am besten lesen? 92
   Übung 3: Fühle den Unterschied 94
   Übung 4: Finde den Lebenssinn 94
   Das sagt die Gehirnforschung 94
   Weitere Frequenzen 96
   Geschichte aus der Praxis: Nichts geschieht zufällig 97

Das Herz ist das Tor zur Seele
   Verstand kontra Herz – Wissenschaftliche Sicht . 101
   Geschichte aus der Praxis: Schluckbeschwerden gehen nicht weg 105
   Übung 5: Das Herz im Wohlfühl-Gleichgewicht . 110
   Übung 6: Herzkommunikation 112
   Übung 7: Meine Lieblingsentspannungsübung . . . 113
   Geschichte aus der Praxis: Wie Jessica ihre Liebe wiederfand 114

Denke nicht, fühle! 116
   Übung 8: So spürst du deine Seele 116
   Machen wir darum ein kleines Experiment 117
   Übung 9: Kommunikation mit deinen Organen . . 119
   Übung 10: So spürst du deine Seelenfamilie 120
   Wie heißt meine Seele? 123

Übung 11: So kannst du nach dem Seelennamen
fragen *125*
Übung 12: So findest du deinen Seelenauftrag *127*
Das Erni-Seelen-Radar *128*
Ethische Frage: Darf ich Seelen lesen? *128*
Geschichte aus der Praxis: Seelenauftrag »Herzen
zum Leuchten bringen« *133*
Geschichte aus der Praxis: Ich will alles entdecken! *135*
Auswirkungen auf das Leben *137*
Geschichte aus der Praxis: Nicht gelebte Seelen-
aufträge in Familien *139*
Geschichte aus der Praxis: Hilfe für meinen Vater *142*
Die Zeichen verstanden: Zehen – Platten –
Plombe *147*
Wenn der Körper spricht, kannst du es in der Seele lesen *155*

Unbewusste Gedanken richtig lesen *157*

Einstein-Schlaufe *161*
Bereich 1 – Deine Gedanken *164*
Bereich 2 – Dein Körper *164*
Bereich 3 – Deine Erfahrung *165*
Bereich 4 – Dein Glauben *165*
Geschichte aus der Praxis: Jack macht kurzen
Prozess! *169*
Was ist Glück? *170*
So lese ich Glaubenssätze *172*
Geschichte aus der Praxis: Gruß aus dem
Vorleben *177*

Geschichte aus der Praxis: Magie aus der Ferne ... *179*

Jeder ist sein eigener Heiler *181*
   Geschichte aus der Praxis: Knieschmerzen
   innerhalb von Sekunden weg *182*
   Geschichte aus der Praxis: Seelenauftrag Klang-
   körper *185*
   Geschichte aus der Praxis: Trau dich! *191*
   Geschichte aus der Praxis: Ich pfeife auf meinen
   Seelenauftrag *193*
   Geschichte aus der Praxis: Verseuchter Verstand
   sucht Gesundheit *197*

Egal wo du bist, ich sehe deine Seele *200*
   Geschichte aus der Praxis: Ein Leben nach dem
   Leben *202*

So gelingt die Umsetzung! *208*
   Geschichte aus der Praxis: Lieber krank als gesund *213*
   Geschichte aus der Praxis: Angst vor Hunden
   verschwunden *216*
   Übungen *218*
   Übung 13: Fühle um dich herum mit
   geschlossenen Augen *218*
   Übung 14: Sehen ohne Augen *221*
   Du hast vier Möglichkeiten des Sehens *221*
   Geschichte aus der Praxis: Seelenlesen im Quadrat *222*
   Drei Entscheidungshilfen *230*
   Übung 15: Körperpendel *230*

Übung 16: Kribbeln in der Hand 233
Übung 17: Frage dein Herz 233

Wie soll ich mich im Alltag verhalten? 235
   Was können wir daraus lernen? 237
   Übung 18: SOS deiner Seele 238

Weitere Hinweise für deine Gesundheit 240
   Zehn Tipps für deine Gesundheit 240
      1. Suche im Innen 240
      2. Durchhalten 240
      3. Löffelliste 241
      4. Bewegung an der frischen Luft 241
      5. Ein Waldspaziergang 242
      6. Tageslicht 242
      7. Genug Wasser trinken 243
      8. Leicht Essen und Vitamine 243
      9. Meditation 243
      10. Atme dich gesund 244
   Acht Schlüssel zum Schluss 244

Danksagung 249
Literatur 250
Über den Autor 252

Vorwort

Liebe Leserin, lieber Leser, liebe Seelenbesitzerin, lieber Seelenbesitzer, vielen Dank und herzliche Gratulation zum Kauf dieses Buches! Bestimmt kennen auch Sie Menschen, die in sich die tiefe Sehnsucht fühlen, für etwas ganz Spezielles geboren zu sein. Vielleicht haben Sie dieses Gefühl ebenfalls schon einmal gespürt. Ich war jahrelang auf der Suche, ob ich auf diese Frage eine seriöse Antwort, eine einfache Lösung finde. Standardantworten gibt es viele, doch ich suchte nach meiner ganz persönlichen Antwort.

Heute halten Sie 20 Jahre Erfahrung in den Händen, die auch Ihnen helfen werden, Ihren ganz persönlichen Lebenszweck, Ihren Fixstern, Ihre Bestimmung zu finden. Mit Sicherheit betrachten Sie nach dem Lesen dieses Buches die Welt mit anderen Augen.

Schon als Kind fragte ich mich:

– Wer bin ich?
– Was ist meine Lebensaufgabe hier auf der Welt?
– Was muss ich lernen?
– Was ist meine Bestimmung?
– Wie weiß ich, welcher Weg für mich der richtige ist?

Meine spirituell veranlagte Mutter hat mich in dieser Hinsicht sicherlich sehr stark positiv geprägt. Sie sagte oft: »Jeder Mensch kommt mit einer einmaligen Gabe auf die Welt. Dich gibt es nur einmal. Du bist einmalig und hast eine ganz spezielle Gabe. Wer auf sein Herz hört, findet seinen Weg.«

Mit 25 Jahren besuchte ich gemeinsam mit ihr einen Herzens-Meditationskurs. Es war der Startschuss für mein Wiedererinnern, was ich als Kind gesehen habe. Auch suchte ich Antworten für meinen nicht sichtbaren »Geburtssehfehler«. Heute bin ich über meinen »Geburtssehfehler« dankbar, er öffnete mir die Tür für meinen Weg. Neben meinen beruflichen Erfolgen in der Privatwirtschaft bildete ich mich immer mehr auch in der Kommunikation, der Psychologie, der Medialität, den mentalen Kräften sowie der Spiritualität aus.

Ich forschte und suchte nach meinem höheren Ziel. Immer, wenn ich ein Ziel erreicht hatte, war ich auf die eine Art sehr stolz, ich spürte jedoch auch einen Erwartungsdruck von außen, noch besser sein zu müssen. Auch war nach einer gewissen Zeit der Stolz weg. Es öffnete sich eine Leere in mir.

Ich stellte für mich fest: »Der Weg ist das Ziel!« Dennoch fühlte ich mich oft wie getrieben nach »höher – schneller – weiter«. Ich suchte weise Menschen auf, die mir halfen, zu verstehen und zu erkennen. Bestimmt kennen auch Sie solche Erfahrungen. Niemand jedoch konnte mir einen für mich verständlichen Schlüssel zeigen, erklären oder geben. Ich verschlang Hunderte Bücher, Hörbücher,

DVDs, besuchte Seminare und zog mich immer wieder zurück, um zu meditieren. Ich flog 2001 ganz allein auf die Malediven. Am zweitletzten Tag war das Meer ruhig und spiegelglatt. Allein saß ich am Sandstrand und blickte in dieser einzigartigen Stimmung aufs Meer hinaus. Da hatte ich eine tiefgreifende Erkenntnis: Ich stellte mir selbst die falschen Fragen. Ich dachte zu viel nach und suchte immer im Außen statt in meinem Inneren.

Weil mich mein Ego immer noch zu sehr verführte, brauchte es 2007 auch den für mich schweren Autounfall, um mich meiner inneren Stimme, meinen Gaben und so meinem Seelenauftrag näherzubringen. Endlich wurde nun der Verstand ruhiger und das Herz öffnete sich, sodass ich plötzlich meinen Seelenauftrag lesen konnte. Dank weniger innerer Bilder wusste ich ab da exakt meinen Auftrag für dieses Leben!

Es ist mein Seelenauftrag, Ihnen zu helfen, Ihre Bestimmung zu finden, die Blockaden zu lösen und die gewünschten Ziele in Gesundheit zu erreichen!

Meine Welt ist »jenseits der Logik«. Für mich war dieser Moment verbunden mit tiefer Dankbarkeit ein Ankommen im Leben. Meine Augen füllten sich mit Freudentränen. Ich spürte, wie mein innerer Zug wieder auf der richtigen Spur fuhr. Es machte mich einfach nur glücklich. Es fühlte sich alles so stimmig an.

Hätte ich diese Techniken und die richtigen Fragen früher gewusst, hätte ich nicht so lange warten müssen. Doch alles zu seiner Zeit. Es brauchte rückblickend für mich auch diese Erfahrungen. Dadurch habe ich enorm viel Wissen angesammelt, kenne die Unterschiede, habe ein System, einen Leitfaden, der funktioniert. Daraus ergeben sich mittlerweile auch Seminare. Schließlich ist es mein Seelenauftrag, Ihnen zu helfen.

Dieses Buch wird Ihnen eine neue Perspektive für Ihr Leben vermitteln. Vieles hören Sie vielleicht zum ersten Mal. Und wie es so ist, wenn man etwas zum ersten Mal hört, man ist etwas skeptisch und zweifelt. Das ist gut so. Sie sollen mir auch nicht glauben, Sie sollen alles selbst testen und selbst erfahren, damit Ihr Herz glauben kann. Es gleicht unseren Handystrahlen oder dem Strom in der Steckdose. Wir sehen ihn nicht, aber wir wissen, er ist da. Zweifler dürfen auch gern in eine Steckdose fassen, um zu spüren, dass der Strom wirklich da ist. Vielleicht benötigen Sie nicht alle Inhalte, Übungen und Anleitungen dieses Buchs, es gleicht dem Besuch eines Supermarkts. Kaufen bzw. nehmen Sie nur das, was Sie gerade brauchen.

Wenn Sie sich nach dem Lesen mit anderen Menschen austauschen, werden Sie schnell feststellen, es gibt bereits sehr viele, die zum Thema Seelenauftrag eine ähnliche Erfahrung gemacht haben. Obwohl diese unabhängig gemachten Erfahrungen von der Anzahl her auch eine Art »Beweis für die Existenz von Seelenaufträgen« ist und wir in uns das deutlich spüren, ist das Thema Seelenauftrag oder Seelenlesen nicht wissenschaftlich anerkannt. Für die Wissenschaft könnte es aussehen wie die nicht erklärbaren

Nahtoderfahrungen, von denen ebenfalls auf der ganzen Welt erzählt wird.

Der Inhalt dieses Buches basiert auf meiner ganz persönlichen Ansicht und Erfahrung. Es ersetzt niemals einen Arztbesuch oder einen Therapeuten.

Mein Gehirn bremste mich am stärksten, da es immer wieder zweifelte. Mein Ego verführte mich und mein Herz sowie meine Seele wurden dadurch wieder leiser. Das führte zu unnötigen Unterbrechungen. Ich ließ mich von anderen Menschen zu sehr beeinflussen, wartete viel zu lange, war mir selbst nicht treu und zu wenig entschlossen. Je mehr ich jedoch mir und meiner inneren Stimme vertraute, desto besser klappte alles. Der Fokus folgt der Aufmerksamkeit. Ein ruhiger Geist und der Zugang zum Herzen und somit zur Seele wirkten für mich Wunder. Im Buch erkläre ich detailliert meine Techniken, unbezahlbare Abkürzungen für Sie.

Da eine Seele das »Sie« oder »Du« nicht kennt, wechsle ich nun gern auf das »Du«. So kann ich dich bzw. deine Seele persönlicher ansprechen. Natürlich kannst auch du mich per Du ansprechen. Ich bin Bruno.

Noch zwei Informationen: Damit mir das Schreiben einfacher fällt, habe ich alles in der männlichen Form geschrieben. Natürlich meine ich damit auch die weibliche Form mit.

Aus Datenschutzgründen und um die Persönlichkeit eines Menschen nicht zu verletzen, musste ich in den Geschichten aus der Praxis zum Teil auch die Namen ändern. Selbstverständlich sind mir alle Namen bekannt.

Nun lass uns dein großes Abenteuer beginnen. ==Das Ziel ist, dass du weißt, wer du bist und was deine Bestimmung ist.== Wer das Ziel kennt, findet und genießt den Weg. Dein Mut, diesen Weg zu gehen, wird dich sehr glücklich machen!

Einleitende Worte über mich

Energetisch heilen kann grundsätzlich jeder. Jede Mutter heilt ihr Kind in den Armen unbewusst nach einem Sturz. Ob nun die Heilenergie mit der Kraft der Gedanken, mit dem Herzchakra oder mit den Handchakren übertragen wird, ist egal. Es ist wie Klavier spielen, die einen haben von Natur aus eine sensitive Gabe und andere müssen sie sich mühsam erarbeiten. Kannst du eine Rakete zum Mond fliegen? Wenn du es lernst, schon. Auch mentale Aurachirurgie, das Gedanken- und Seelenlesen kann jeder, wenn man weiß, wie es geht. Das Wichtige dazu findest du in diesem Buch.

Es ist natürlich hilfreich, wenn man diverse Ausbildungen in diesem nicht sichtbaren Bereich gemacht hat oder einen Geburtssehfehler hat, so wie ich. Die gemachten Ausbildungen bestätigen eine gewisse Professionalität gegenüber Kunden und geben mir oder einem »Heiler« (jeder Mensch heilt sich immer selbst) die seriöse Sicherheit und das wichtige Vertrauen, dass er es richtig macht. Wie im Leben kommt durch die Tätigkeit die Routine. Dann gehen wir lieber zu Menschen, die es in der Praxis schon mehrmals erfolgreich umgesetzt haben und darum als Experte gelten.

Energien kann man fokussieren und verstärken oder man kann einem Menschen unnötig Energie und Geld rauben. Die Branche hat leider oft einen zweifelhaften Ruf, deshalb ist es mir sehr wichtig, dass der Kunde innerhalb kurzer Zeit das bekommt, wonach er sucht. In der Regel ist das Klarheit und Gesundheit für das eigene Leben.

In den letzten 30 Jahren konnte ich mit meiner Familie, mit Freunden, Bekannten und Klienten viele spannende und aufschlussreiche Experimente machen. Wie ein Koch, der sein Essen immer und immer wieder verbessert, fand ich heraus, was wirkt und was nicht.

Nach meinem Autounfall im Jahr 2007 erhöhte ich die Suche nach Gesundheit. Ich hatte fünf Jahre lang Schmerzen in Rücken, Nacken und Kopf. Ein typisches Schleudertrauma. Ich las in dieser Zeit noch mehr Bücher und schaute noch mehr DVDs auf meiner Suche nach möglichen Lösungen. Über 200 Therapiestunden mit unzähligen Therapieformen in der Schulmedizin konnten mir nicht helfen. So begann meine Suche nach Antworten im feinstofflichen Bereich. Ich schloss viele Ausbildungen und Seminare ab, stets mit der Frage, wie Heilung schnell und wirkungsvoll geschehen kann. Wie schon erwähnt, ich suchte oft im Außen statt im Innen.

Offenbar bin ich da nicht der Einzige. Wir werden schon als Kinder dazu erzogen, uns zu vergleichen. Wenn mein Sohn eine Prüfung von der Schule mitbringt, dann steht neben seiner Schulnote auch die Note vom Klassendurchschnitt. Zum einen gibt das dem Schüler eine Orientierung. Das ist sicher sinnvoll. Zum anderen beginnen jedoch unsichere Kinder, sich automatisch zu vergleichen. Viele Eltern machen obendrein den Kindern enormen Leistungsdruck. Es scheint offenbar wichtig zu sein, wo ich im Leben stehe. Kinder lernen so schon früh, dass man sich im Außen vergleichen muss, damit man im Leben etwas erreicht.

So begann ich wieder, intensiv zu meditieren. Das war in der Tat eine sehr wirkungsvolle Sache. Ich fand heraus, dass sich der Körper am schnellsten in der Theta- und Delta-Wellen-Gehirnfrequenz heilt und regeneriert. Komapatienten liegen übrigens auch in dieser Frequenz. Der Körper hat so die größte Selbstheilung. Die Chakren beginnen sich automatisch optimal wieder auszurichten.

Nach meinem Autounfall versuchte ich auf verschiedene Arten, wieder gesund zu werden. Mir war bewusst, dass die Vorstellungskraft dabei einen zentralen Schlüssel spielen muss und in mir viel bewirken kann. Meine Frage an mich: Was soll ich mir da genau vorstellen? Ich versuchte es zuerst mit einer Wirbelsäule aus Stahl. Nein, das fühlte sich irgendwie seltsam und falsch an. Dann versuchte ich in einer Meditation, meine eigene Wirbelsäule zu fühlen und zu sehen. Für meinen Vater machte ich 2008 eine Fernbehandlung. Ich sah plötzlich seine Knochen und Muskeln in einem blaustichigen Bild, wie ein Röntgenbild. Das sah absolut genial und wunderschön aus. Dabei entdeckte ich sanfte weiße Punkte. Ich wusste instinktiv, das waren seine Verspannungen. Wow, eine neue Welt öffnete sich mir.

Dennoch blieb mein Gehirn skeptisch. Vielleicht war es doch nur Träumerei und meine eigene Wunschvorstellung?

Zur gleichen Zeit machte ich eines Abends mit meiner Frau eine spannende Entdeckung. So erinnere ich mich gut, als ich meine Frau mit geschlossenen Augen im Bett umarmte. Ich fuhr ihr dabei mit meiner rechten Hand den Rücken entlang. Ich fokussierte mich auf den Rücken und, als hätte meine Hand ein Auge, blieb ich plötzlich an einem weißen Punkt stehen, den ich mental genau sah. Es war identisch mit dem Bild bei meinem Vater. Dies war nun meine Chance, so drückte ich mit dem Finger auf diese Stelle und fühlte. Meine Frau gab ein lautes »Aua!« von sich. Ich sagte: »Yes!« und erzählte, was ich gerade gesehen hatte. Wir mussten vor Freude lachen. Dieses Scannen baute ich immer mehr aus und fand heraus, dass helle Stellen für mich meist Blockaden, Verspannungen, Entzündungen oder Schmerzen symbolisierten. Wie besessen übte ich nun an meiner Familie und meinen Freunden. Egal ob die Menschen vor mir standen, ich ein Foto hatte oder via Telefon. Ich begann bewusster andere Energien zu lesen. Für mich war zu Beginn wichtig, dass ich mich selbst kontrollieren und meiner Wahrnehmung vertrauen kann.

Auf der Suche nach diesem Röntgenblick machte ich eine Reiki-Ausbildung. Im Januar 2011 schlug ich ein Magazin mit Promis auf und sah das Foto von Samuel Koch. Er hatte am 4. Dezember 2010 einen schweren Unfall in der TV-Sendung *Wetten, dass..?* Dabei verletzte er sich schwer, als er mit speziellen Sprungstiefeln über ein fahrendes Auto sprang. Seither ist er vom Hals abwärts querschnittgelähmt.

Ich schnitt sein Foto aus, legte es auf den Küchentisch und begann seinen Körper zu scannen. Ich sah seine gebrochene Wirbelsäule in weiß. Alles am Rücken war weiß. Das zu lesen war relativ einfach. Es berührte mich. Unbewusst legte ich meine Hände auf sein Foto und wollte ihm einfach etwas Liebe und Trost spenden. Doch nach wenigen Sekunden spürte ich eine derart große Trauer in mir hochkommen, dass ich sofort meine Hände von dem Foto nahm. Es war mir klar, dass das seine Emotionen waren.

Ich wollte mehr wissen über diese Möglichkeiten der Energien und verbrachte viele Stunden mit der Selbstheilung unter anderem an mir selbst. Schlussendlich landete ich bei Horst Krohne. Über 30 Jahre beobachtete Horst Krohne von der »Schule der Geistheilung« erfolgreiche Heiler. Er untersuchte die Heiler und deren Heilvarianten. Ich meldete mich für eine Geistheilerausbildung bei ihm an und bereits nach fünf bis zehn Stunden war ich endlich wieder schmerzfrei. Mein Körper jubelte. Ich konnte es kaum fassen und absolvierte die gesamte Ausbildung. »Warum sagte mir das niemand von der Schulmedizin?« Ich spürte den Ruf meiner Seele, den Menschen zu ihrer Gesundheit zu verhelfen. Die Ausbildung zum Geistheiler war für mich der Durchbruch zur Genesung und ein spannendes Experiment, um die wirklichen Grenzen auch für mich zu finden.

Die Reise ging weiter: Die »Aurachirurgie«-Technik war das fehlende Puzzleteil in meinem Erfahrungsrucksack. Mit dieser Technik ist es möglich, Menschen sehr schnell und umfassend über die Aura zu behandeln. Wie ein Chirurg operiert man in der Aura des Menschen. In dieser Weiterbildung habe ich von meinem Ausbilder Gerhard Klügl sehr viel gelernt und praktiziere ähnlich wie er. Ich fand heraus, dass er die Aurachirurgie des englischen Mediums Stephen Turoff abwandelte. Turoff machte vieles nur über das Bewusstsein und mental. Da Klügl sich das nicht vorstellen konnte, benutzte er physische Operationsprodukte.

Ich bin mental stark und mit dem Bewusstsein aus meiner Sicht gut unterwegs. Daher begann ich diese Technik über Jahre, mit täglichem Training, wieder »rückgängig« zu machen. Je nach Kunde behandle und »operiere« ich heute in meiner Praxis u. a. mit der Aurachirurgie nach Klügl oder eben mit mentaler Aurachirurgie. In solchen Momenten stehe ich aus Sicht meiner Kunden einfach nur da. Doch es ist hohe, fokussierte Konzentration und eine Art Mini-Trance dafür nötig. Grundsätzlich kann das jeder, wenn man weiß, wie es geht. Mein Ziel: Ein wahrer Meister braucht nur noch seinen Geist. Mir glauben muss niemand, der Kunde fühlt, ob es wirkt. Und das ist dann die Wahrheit.

Deine Erwartungen an dieses Buch

Welche Erwartungen hast du an dieses Buch? Was suchst du? Wenn ich das in meinen Workshops oder Seminaren frage, fallen oft folgende Fragen:

- Was ist meine Bestimmung hier auf dieser Welt?
- Habe ich einen Auftrag, wenn ja welchen?
- Warum bin ich auf dieser Welt?
- Wie kann ich wissen, dass ich wirklich mit meiner Seele reden kann?
- Wie kann ich richtig mit meiner Seele kommunizieren?
- Wie kann ich meinen Lebensplan bei mir und anderen lesen?
- Wie finde und erkenne ich blockierende Glaubenssätze?
- Wie finde ich meine Fähigkeiten?
- Wie kann ich mich besser entscheiden?
- Wie höre ich auf mein Herz?
- Wie lese ich unbewusste Gedanken von Menschen?
- Wie funktioniert Aurachirurgie?
- Wie kann ich mich selbst heilen?
- Wie kann ich überprüfen, dass ich auf dem richtigen Weg bin?

Ich verstehe alle diese Fragen sehr gut. Du erhältst im Folgenden auf alles eine Antwort. Zwischen meinen berührenden Geschichten aus der Praxis zeige ich dir einfache Übungen für deinen Alltag. Es ist mein Seelenauftrag, den Menschen ihr wahres inneres Potenzial aufzuzeigen, ihnen zu helfen, Blockaden abzulegen und so ihre Lebensmission in Gesundheit zu leben.

Was ist der Vorteil, wenn man mit seiner Seele kommunizieren kann? Ich denke, das liegt auf der Hand. Das Leben hat plötzlich eine komplett andere Bedeutung. Du hast den Zugang zu deinem wahren Ich und so auch zu deinem Herzen. Das Herz ist das Tor zu deiner Seele. Du weißt, dass dein Leben sinnvoll ist. Du weißt, dass du auf dem richtigen Weg bist. Es macht dich glücklich und gesund. Du kannst ganz entspannt das Leben in vollen Zügen genießen. Du bist angekommen!

Wo hast du das Gefühl, ist deine Seele? In den Füßen, im Bauch? Im Kopf? Außerhalb von dir? In diesem Buch werde ich dich deiner Seele sehr nahe bringen. Du wirst deine Seele mit den Händen fühlen können. Das ist immer eine sehr spezielle Erfahrung. Viele sind tief berührt, wenn sie ihre eigene Seele fühlen. Natürlich haben so auch Zweifler die Möglichkeit, über das eigene Weltbild nachzudenken. Bekehren will ich niemanden. Jeder soll jedoch wie ein kleines Kind entdecken können. Meine Welt ist dank eines nicht sichtbaren Geburtssehfehlers »jenseits der Logik«. Lass dich von meiner Welt verzaubern.

Wie ist deine Welt oder dein Weltbild überhaupt entstanden? Du erinnerst dich, wir alle sind mindestens neun

Jahre zur Schule gegangen. Wir haben unsere logische linke Gehirnhälfte intensiv gefüttert und gefördert. Wir können rechnen, schreiben, lesen, kennen die Geschichte u. v. m. Dabei wurde die rechte unlogische, kreative, gefühlvolle, intuitive Gehirnhälfte eher spärlich gefördert und genutzt.

Wenn wir den neuesten Forschungsergebnissen glauben, dann haben wir einen Verstand mit dem Ego, der so groß ist wie eine Fliege von zwei Gramm. Parallel dazu haben wir ein Unterbewusstsein von der Größe eines Elefanten von zwei Tonnen. Dieser innere Elefant steuert unsere unbewussten Prozesse. Das Herz bildet dabei die Schnittstelle zur Seele. Das ist wichtig zu wissen, denn via Herz erreichen wir unsere Seele. Du bist also Experte deiner eigenen Fliege geworden.

Wer bist du?

Damit du deine Seele kennenlernen kannst, musst du zuerst wissen, wer du wirklich bist. Wer also bist du? Wenn ich dich das frage, dann wirst du mir freundlich deinen Namen nennen. Doch bist du dein Name? Nein, du hast einen Namen. Deine Eltern haben dir einen Vornamen gegeben. Den Nachnamen hast du von ihnen übernommen.

Wer also bist du? Ein Körper? Nein! Du hast einen Körper, doch du bist nicht der Körper. Wer bist du also? Du erkennst, das ist nicht so einfach. Es ist wie mit deinem Handy. Dein Handy hat einen Namen, eine Marke. Doch je mehr ich dich frage, wer du bist, desto mehr wirst du mir sagen, was du hast. Du bist ein Ich. Doch welches Ich bist du? Welche Rolle hat dein Ich? Welche Emotionen lebt dein Ich? Was ist deinem Ich wichtig und warum? Der Großteil der Menschen glaubt an eine unbewusste Verbindung »nach oben«. Obwohl die wenigsten Menschen die eigene Seele je gesehen oder je gespürt haben, glauben sie, dass sie eine Seele besitzen.

In über Tausenden persönlichen Kundengesprächen und Coachings durfte ich in meinem Leben schon die unterschiedlichsten Menschen persönlich kennenlernen. Ich liebe die Menschen und die vielen Ichs. Was ich daraus lernen konnte, ist, jeder Mensch ist anders, jeder Mensch ist einzigartig. Mir ist jedoch noch nie ein Mensch begegnet, der meinte, er habe keine Seele. Es gibt offenbar einen Urinstinkt in uns, der unbewusst weiß, wir sind:

– Körper
– Geist
– Seele

Egal ob Mann, Frau, Schweizer, Deutscher, Österreicher, Australier oder Amerikaner – deine Seele ist dein wahres Ich. Sie sammelt auf der Erde Erfahrungen, will sich entwickeln und geht dann wieder »nach oben«. Aus meiner Sicht bist du eine Seele, eine Ich-Energie, die in einem Ich-Körper inkarniert ist.

Welcher Typ bist du?

Typ 1
Ich habe einen Körper und es denkt in mir. Den Körper kann ich bewegen und mit den Gedanken erzeuge ich die Kommunikation. Je besser mein IQ (Intelligenzquotient), desto besser bin ich als Mensch. Doch grundsätzlich kann ich nichts dafür, wie es in mir denkt. Ja, ich glaube, jeder hat irgendwie eine Seele.

Typ 2
Ich habe einen Körper und es denkt in mir. Mein Denken wird von meinem Charakter geprägt, der sich auf mein Verhalten auswirkt. Wenn ich gute Tage habe, dann genieße ich eine starke Psyche. Wenn ich schlechte Tage habe, dann ist meine Psyche schwach. Mein Geist differenziert noch mal mein Verhalten und das Denken. Im Geist finde ich den EQ (emotionale Intelligenz, das Fühlen mit dem Herzen) und den IQ (Intelligenzquotienten) eines Menschen. Ich übe oft, um hierin besser zu werden.

Ich habe eine Seele. Obwohl ich mich nicht erinnere, kann ich mir irgendwie vorstellen, dass ich schon einmal auf der Welt war und alles einen Sinn ergibt.

Typ 3
Ich bin eine Ich-Energie, genannt Seele, die in einen Körper inkarniert ist. Mit meiner Geburt (Geburtsdatum) wurde der Schlüssel für meine Psyche und so für meinen Charakter in diesem Leben gelegt. Trotz freiem Willen

steuert dieser fingerabdruckähnliche Psyche-Raster mein heutiges Ich und beeinflusst auf der Welt mein Denken, Verhalten, Handeln und so auch meine Kommunikation. Je nach Geist und Reife meiner Seele finde ich im EQ (Emotionalen Quotienten) und im IQ (Intelligenzquotienten) meine innere Weisheit.

Meine persönliche Lebens- und Seelenerfahrung beeinflusst meine Wahrnehmung und mein inneres Denken im jetzigen Leben nachhaltig. Es ist klar, dass junge Seelen andere Erfahrungen machen wollen als alte Seelen. Ob ein Baby, ein Teenager, Jugendlicher, erfahren oder alt – es gleicht dem Lebenskreislauf eines Menschen. Junge Seelen haben noch wenig Erfahrung mit dem Körper und wollen diesen oft präsentieren. Auch das Materielle ist wichtig. Alte Seelen haben das schon oft gemacht. Ihnen geht es um andere Werte. Jedes Alter hat seinen Reiz und seine Berechtigung. Es zählt bewertungsfrei einzig und allein die zu machende Erfahrung. Eines ist jedenfalls klar, du bist einzigartig auf dieser Welt!

Viele unserer Religionen stülpen uns ihre überlieferte Vorstellung über unser Denken und sagen, »wie es wirklich« ist. Unterschiedliche Ansichten lösen noch heute Kriege zwischen den Religionen, Kulturen und zwischen den Ländern aus. Aus meiner Sicht sind das alte Relikte von jungen Seelen, ein sehr typisches irdisches machtvolles Verhalten. Aus meiner Erfahrung ist jedoch die Seele frei und steht über der Religion. Oder kennst du in der Natur verschiedene Baumreligionen? In der Natur ist alles beseelt und lebt so zusammen.

Du bist also eine Seele in einem Körper mit Psyche und Geist, wie in *Typ 3* beschrieben. Du hast einen wachen Geist, der gefüttert werden möchte. Hinter vielen Religionen, Politikern oder Medien gibt es machtorientierte Menschen, die versuchen, andere in der Psyche zu destabilisieren. Die Psyche kann krank werden, doch niemals die Seele. Sie macht lediglich eine Erfahrung. Der jeweilige Geist mit EQ und IQ sowie das Seelenalter beeinflussen das Verhalten des Menschen und werden entscheiden, wie du darauf reagierst und was du in deinem Leben für einen Seelenauftrag hast. Füttere deine Psyche, deinen Geist und deine Seele weise. Füttere dein ICH so, dass du ganz persönlich wachsen kannst.

Unser System ist in vielen Bereichen so aufgebaut, dass der Mensch sein Denken und Fühlen lieber abgeben soll. Wer nicht selbst denkt, lässt sich einfacher steuern. Wer selbst denkt, macht sich schuldig. Wer will schon schuldig sein. Schuld ist eine Erfindung der Menschheit, um diese gehorsam zu machen und in der Meinungsfreiheit einzuengen.

Dennoch wissen viele besser Bescheid als du. Beispiel: Das Haus, in dem du wohnst, hat ein Architekt gebaut. Du wohnst darin, doch er weiß mehr über das Haus als du. Wenn du ein Haustier hast und es erkrankt, weiß der Tierarzt mehr darüber als du, obwohl das Tier dir gehört. Du hast eine Polstergruppe, die du benutzt. Doch wie genau der Inhalt ist, weißt du nicht. Und wie ist das mit dir selbst? So gehen viele zum Arzt und sagen: »Mach mich gesund!«, anstelle selbst einmal in den Körper und die aktuelle Lebenssituation hineinzufühlen. Woher soll der Arzt deinen Körper und dein Verhalten kennen? Dasselbe gilt auch für deinen Geist und deine Seele. Du bist 24 Stunden mit deinen Gedanken zusammen.

Wenn du dieses Buch ganz gelesen hast, bist du in der Lage, mit deiner Seele zu kommunizieren und sie zu lesen. Das Seelenlesen dient dir für dein ganz persönliches Entdecken, dein ganz persönliches Verstehen, für dein ganz persönliches Wachstum, dein inneres Potenzial und dein ganz persönliches Aha-Erlebnis. Das hat mit Weisheit, Demut, Dankbarkeit und wachem Geist zu tun. Es soll dem Suchenden helfen, an sein eigenes Ziel zu kommen ohne fremde Hilfe. Es braucht diese Revolution. Das Seelenlesen gibt dir Sicherheit, Orientierung, Freiheit und ist sehr heilend. Du kannst auch von Entwicklung sprechen. Es entwickelt dich und bringt dich deinem inneren Kern näher.

So können kleine Kinder eine alte Seele haben und weiser sein als alte Menschen mit einer jungen Seele.

Um deinen eigenen Seelenweg, deinen eigenen Seelenauftrag, deine eigene Lebensmission, den Sinn des Lebens, die eigenen Fähigkeiten, die eigenen Gaben zu finden, gibt es viele Möglichkeiten. Der Weg über die Logik ist eine mögliche Variante, doch sie dauert natürlich viel länger. Dennoch ist auch dieser Weg wichtig und spannend für dich. Beantworte dir deshalb zuerst die Frage: »Wer bin ich?«

Es unterstreicht später deine Eingebungen. So kannst du dem Ganzen mehr vertrauen und es ergibt für dich einen objektiven Überblick. Nimm dir ein paar Minuten Zeit und schreibe dir auf:

- Wer bin ich?
- Was tue ich gern?
- Was macht mir Spaß?
- Was kann ich gut?
- Was habe ich als Kind gern gemacht?
- Was wollte ich als Kind »werden«, wovon habe ich geträumt?
- Wobei geht mein Herz auf?
- Was sind meine Gaben?
- Was sind meine Talente?
- Was sind meine Fähigkeiten?
- Was sind meine positiven Eigenschaften?
- Wo erhalte ich von anderen immer wieder Komplimente?
- Welche großen Erfolge hatte ich schon in meinem Leben?
- Was würdest du tun, wenn das Geld keinen Wert mehr hätte?
- Wo fühlt sich meine Seele wohl, angekommen und zu Hause?
- Was könnte mein Auftrag in dieser Welt sein?
- Was ist für mich sinnvoll?
- Wo fühle ich Leidenschaft und Begeisterung?

An dieser Stelle noch zwei kleine Ergänzungen. Als ich versuchte aufzuschreiben, was ich alles gern mache und worin ich gut bin, wusste ich irgendwann nicht weiter. So fragte ich auch zusätzlich mein persönliches Umfeld. Meine Mutter, meinen Vater, meine Frau und meine Freunde. Sie alle kennen mich ja am besten. Diese Antworten waren sehr hilfreich und zusätzlich sehr interessant. Im Endeffekt fanden auch sie nicht mein wahres ICH heraus. Das eigene Finden des wahren ICHs ist logischerweise sehr wichtig. Es ist, als wenn ein Kind die Lösung selbst entdeckt. Das Gefühl, die gemachte Erfahrung wird immer anders sein, als wenn ich dem Kind die Lösung serviere. Dieses Gefühl beim Entdecken unterstreicht das Vertrauen zur eigenen Wahrnehmung und zur eigenen Seele. Wichtig dabei, vergleiche dich niemals, niemals, niemals mit anderen Menschen, denn du bist einzigartig.

Denke bitte auch immer an die verschiedenen Formen der Intelligenz. Die Mehrheit dieser Intelligenzen werden in der Schule nicht gefördert. Über welche verfügst du? Was ist aus deiner Sicht für dich sehr einfach? Hier dreizehn mögliche Arten der Intelligenz:

- musikalisch-rhythmische Intelligenz
- sprachliche Intelligenz
- faktische Intelligenz
- analytische Intelligenz
- bildlich-räumliche Intelligenz
- praktische Intelligenz
- körperliche Intelligenz
- soziale Intelligenz
- intuitive Intelligenz
- unternehmerische Intelligenz
- darstellerische Intelligenz
- übersinnliche Intelligenz
- spirituelle Intelligenz

Wie zu Beginn erwähnt, werde ich zwischen meinen Texten immer wieder berührende Geschichten aus meiner Praxis erzählen. Sie dienen dir zum Wachstum und zur Anschauung. Es sind Auszüge aus meinen Energie-Coachings, in denen ich u. a. diese Tools verwende:

- Seelen lesen
- Körper scannen
- ErniGramm, für das psychologische Denken
- Geistheilung
- Organsprache
- Harmonisieren des Lebenskalenders
- Behandlung via Chakren
- Matrix-Energie
- Quanten-Heilung
- Aurachirurgie
- Mentale Aurachirurgie
- Unbewusste Gedanken lesen und Lösung finden
- Glaubenssätze, Phobien oder Blockaden lesen und löschen
- Den Seelenauftrag lesen
- Unbewusste Gedanken, Blockaden und Seelenlesen im Quadrat. Für mehrere Personen gleichzeitig. Z. B. bei Familienproblemen oder anderen Personalkonstellationen. Du findest ein Beispiel dafür am Ende des Buches.

Wer gesund, glücklich und schmerzfrei ist, kann gestärkt und in Klarheit den Seelenauftrag umsetzen. Beginnen wir mit unserer ersten Geschichte aus der Praxis.

GESCHICHTE AUS DER PRAXIS
Schmerzen nach 14 Jahren endlich weg

Petra, 39 Jahre, fiel mit 12 Jahren beim Fahrradfahren auf ihr linkes Handgelenk und hatte seither Schmerzen. Wie viele meiner Kunden durchlief auch sie diverse Arzt- und Therapeutenbesuche. Mehr zufällig sah sie mein Video »Schmerzfrei in 60 Sekunden« auf YouTube und versucht nun ihr Glück bei mir.

Wenn eine Kundin vor mir sitzt, dann verbinde ich mich oft kurz mit ihr und scanne den Körper, um zu sehen, was mich erwartet. Bei Petra ist das nicht nötig, denn sie streckt mir ihr linkes Handgelenk sofort entgegen. Ich nehme es vorsichtig in die Hand, schließe die Augen und scanne es mental. Ich sehe zwischen dem Handgelenk weiße Stellen. Für mich bedeutet das, von dort kommt der Schmerz. An dieser Stelle hat es im Körper eine Disharmonie, eine Störung. Aurachirurgie ist hier ein wundervolles Mittel. Ich logge mich diesmal jedoch ganz bewusst nur mental ein, lasse mich innerlich noch tiefer fallen. Denke nichts. Sehe und fühle nur noch diesen Ort und zoome etwas näher, sodass ich die weißen Stellen gut sehen kann. Nun beginne ich, in Gedanken diese weißen Stellen aufzulösen. Wie aus Zauberhand zerfällt das Weiß, die Disharmonie, und löst sich auf. Das Weiß hat sich stark reduziert. So versuche ich auch noch die restlichen Flecken aufzulösen.

Es gibt Widerstand. Ich wiederhole diese Abschnitte, doch es gelingt mir nicht, diese Stellen auch aufzulösen. So fühle ich in das Handgelenk. Ich spüre eine Angst. Wie ein kleines Kind, das verstört und verzweifelt die Mutter sucht. Ich öffne meine Herz- und Handchakren und lasse reine Liebe ins Handgelenk sprudeln und stärke die Knochenränder. Dazu beruhige ich es mit den Gedanken: »Alles ist gut. Du bist vollkommen in Sicherheit und gesund. Ich liebe dich!« Dennoch bleiben weiße Stellen zurück. Auch Wiederholungen und »Befehle« an die Materie nützen nichts. In diesen Momenten gibt es immer einen tieferen Grund.

Obwohl ich immer noch ihr Handgelenk halte, wechsle ich jetzt meinen Fokus zu ihrer Seele und frage in Gedanken: »Was ist los? Warum findet keine Heilung statt?«

Dann höre ich eine Stimme in meinem Kopf: »Sie muss ruhiger werden.« Ich öffne meine Augen und frage Petra: »Bist du manchmal etwas schnell unterwegs im Leben?« Gleichzeitig blicke ich oberhalb ihres Kopfes in die Energie ihrer Glaubenssätze und frage dort ab, warum sie unruhig ist. Ich sehe eine Person, die eine andere Person antreibt. Ganz nach dem Motto: »Los, los, das kann schneller gehen!«

Petra antwortet: »Man muss manchmal halt etwas Gas geben im Leben, das ist ja normal, oder?«

Ich lasse die Hand von Petra los. Ich: »Bewege deine Hand, spürst du noch einen Schmerz?«

Petra: »Oh, es ist viel besser geworden. Noch ganz sanft spüre ich etwas.«

Ich: »Was denkst du, warum du auf dieser Welt bist?«
Petra hat, wie viele meiner Kunden, keine Ahnung.

Ich: »Möchtest du das wissen?«

Sie: »Ja, klar.«

So frage ich die Seele von Petra: »Was ist der Seelenauftrag von Petra?«

Ich sehe eine Frau auf einem Boot. Diese Frau genießt gemütlich die Fahrt. Sie ist im Fluss und vertraut friedlich dem Leben.

Ich: »Was bedeutet das für dich?«
Sie: »Fühlt sich gut an. Ich lasse mich in der Tat sehr gern im Leben treiben. Doch ich muss ja auch arbeiten, Geld verdienen und ich muss mir das innerlich oft bewusst machen.«
Ich: »Treibst du dich dann innerlich mit Druck an?«
Sie: »Ja, man muss ja.«
Ich: »Muss man das?«
Sie: »Ja.«
Ich: »Wer sagt das?«
Sie: »Die Gesellschaft? Oder bin das ich?«
Ich: »Woher könnte deine Meinung kommen?«
Petra schweigt und zuckt mit den Schultern. Mein Bild, auf dem eine Person eine andere Person antreibt, könnte ihr Vater gewesen sein.
So frage ich: »Von deinem Vater?«
Petra: »Ja, der war wirklich so treibend.«
Ich: »Andere Frage. Kannst du gut vertrauen?«
Petra: »Kommt darauf an was.«
Ich: »Wo hast du Mühe zu vertrauen?«
Petra: »Wenn es plötzlich sehr wichtig ist. Also bei sehr wichtigen Menschen wie meinem Partner oder bei wichti-

gen Entscheidungen bei mir selbst, dann habe ich enorme Mühe.«

Ich: »Warum?«
Petra: »Das kann ich dir nicht sagen. Es ist seltsam.«
Ich: »Wollen wir das ändern?«
Petra: »Ja, gern!«

Wir löschen diverse Glaubenssätze und ich halte noch einmal ihr Handgelenk. Ich verbinde mich erneut und sehe die kleinen noch weißen Stellen. Ich kann sie nun auflösen. Petra bewegt das Handgelenk und sagt: »Schmerzfrei!«

Bei Petra war die Verstrickung für mich sehr interessant. Ihr Unfall und ihr Verhalten führten zu einem Problem, das sie 14 Jahre lang fühlen konnte.

Kann ein Seelenauftrag so einfach sein?
Im Fluss des Lebens sich treiben lassen und das Leben im Vertrauen genießen?

Ja, es ist so einfach! Und gerade weil es so einfach ist, ist es auch so schwer. Ob Gesellschaft oder ihr treibender Vater, sie fühlte permanent den Druck im Außen und musste sich unbewusst wehren. So ließen die Erwartungen und Forderungen der anderen nach Erfolg sie nicht zur Ruhe kommen und sie war fern von ihrem Seelenweg.

Jede Seele will unterschiedliche Erfahrungen sammeln. Aus meiner Sicht wollen sehr viele Seelen die verschiedenen Formen der Liebe und Erkenntnis erfahren.

Stell dir einmal vor, wie schön das Leben nun für Petra ist, wenn sie erkennt, dass sie sich einfach im Fluss des Lebens fallen lassen darf und in vollkommener Liebe treiben lassen kann. Frei von allen Zwängen. Stell dir vor, wie wundervoll es ist, wenn sie das Vertrauen der Menschen spürt und dieses genießt. Für sie ist das ein Ankommen. Sie sprudelt vor Gesundheit und Glück.

Wichtig ist immer, dass jeder Mensch das für sich selbst definiert. Es geht um die tiefsten inneren Gefühle, logisch sind diese bei jedem Menschen unterschiedlich.

Wie bei jedem Menschen wurden wir schon als Kind sehr stark auf den Verstand ausgerichtet oder manche sogar »abgerichtet«. Unser Denken beeinflusst unsere Handlungen und bildet unsere Erfahrungen, an die wir bedingungslos glauben. Unsere linke logische Gehirnhälfte ist bei vielen Menschen viel zu aktiv. Es wurden uns Dogmen suggeriert, dass wir zwingend den irdischen Verstandesverpflichtungen und menschlichen Vorstellungen nachgehen müssen. Verkümmert ist bei vielen der Weg nach innen, das Fühlen im Herzen, das Tor zur Seele. Das gibt eine große Diskrepanz zu dem, was wir in uns wirklich fühlen und wer wir wirklich sind.

Als Seelenleser erinnerte ich Petra lediglich an ihren innigen vergessenen Wunsch, den sie im Herzen noch immer genau fühlen kann. Die Lebenskunst für Petra ist es nun, den Mut aufzubringen, diesem innigen Wunsch zu folgen und ihn, kombiniert mit unserer Wirtschaft, zu leben. Es braucht Mut, auf das eigene Herz zu hören. Es braucht Mut, gesund und glücklich zu sein!

Und wie geht es Petra heute? Petra lebt viel mehr im Fluss des Lebens. Sie genießt bewusst das »Sich-treiben-

Lassen«. Es dauerte jedoch noch einige Monate, bis sie das schlechte Gewissen für ihre »Faulheit« ablegen konnte. Natürlich half ich ihr dabei. Auch der wunde Punkt mit dem Vertrauen war noch ein Thema. Wem kann ich vertrauen und wem nicht. Wie fühle ich das?

Am Ende des Buches findest du drei Entscheidungshilfen. Es sind drei wundervolle Übungen, die du in deinem täglichen Leben anwenden kannst. Wer sie umsetzt, wird schneller vertrauen. Petra macht sie täglich. Der Lernprozess bei ihr war sehr wichtig für ihr Bewusstsein. Es hat sie näher zu sich und ihren Gefühlen gebracht. So spürte sie ein »Ankommen im Leben« und ein Vertrauen ins Leben. Und wie geht es dem Handgelenk? Sie spürt es immer dann, wenn sie ins alte Fahrwasser gelangt und über längere Zeit in den Verstand zurückfällt. »Ein guter Kompass für mich. Gnadenlos ehrlich!«, meint Petra dazu.

Ein spezielles Experiment

Ein sehr spannendes Experiment machte ich im Sommer 2013 mit meinem hellsichtigen und international bekannten Freund Martin Zoller (ebenfalls Autor im Giger Verlag, www.martinzoller.com). Er arbeitete schon mit einem Sicherheitsdienst der USA, mit Politikern aus Nigeria, Libanon und Bolivien zusammen und ist eine wahre Kapazität in seinem Bereich. Er hat u. a. von Kindheit an die Gabe, die Aura und die Energien von Menschen zu sehen. So hat er schon 2014 den Sieg des amerikanischen Präsidenten, Donald Trump, für Herbst 2016 vorausgesagt.

In unserem Experiment war es seine Aufgabe, mir beim »Heilen« zuzusehen und zu kommentieren, was er wann sieht. Dabei wusste er nicht, was ich mache, wann ich die Heil- und Gedankenenergie aktivere.

Das Ergebnis – und was Martin Zoller sah – deckte sich in Millisekunden mit dem, was ich gedanklich tat. Er konnte also »sehen«, was ich mental machte. Für mich war das ein großartiger Beweis, wie Heilenergie übertragen werden kann, egal wo der Patient auf der Welt sich gerade befindet. Auch die verschiedenen Testpersonen, die die Energie der Fernbehandlung empfingen, spürten es am Körper und gaben exakte Rückmeldungen.

Dabei fanden wir heraus, dass, egal worauf ich mich am Körper fokussierte, die Energien nicht nur an den Bestimmungsort flossen, sondern immer zusätzlich auch dorthin, wo der Körper sie am meisten benötigte. So können wir mit Sicherheit sagen, dass die Energien eine gewisse eigene Intelligenz besitzen.

An meinen »Healer Confirmations Days« untersuchen wir Heiler, Therapeuten und deren Arbeit. Martin Zoller kommentiert, was er sieht und was im Patienten wirklich ausgelöst wird. Dieser Tag ist für alle Beteiligten immer eine wahre Bereicherung und stärkt das Selbstwertgefühl enorm.

Der Start meiner Praxis

Ich machte 2013 mit meiner Firma fast Konkurs. Meine Referate in Großunternehmen wurden nicht mehr gekauft und ich musste Mitarbeiter entlassen. Ich stand vor meiner größten Herausforderung. Was sollte ich tun? Ich spürte in meiner Brust, dass es an der Zeit war, meine vielen Ausbildungen und Fähigkeiten den Menschen zur Verfügung zu stellen. Ich hatte aber große Angst, dass man mich als Esoteriker abstempelte. Auf einem Abendspaziergang sagte meine Frau: »Erinnerst du dich an die Geburt unserer jüngsten Tochter? Du hattest Angst, dass die Geburt nicht gut verläuft. Erinnerst du dich, was du dann gemacht hast?« Ich wusste genau, was sie meinte. »Ja, ich habe visualisiert und dem Leben vertraut.«

»Richtig, du hast es im Herzen gefühlt, dass es gut wird. Du hast deine Kopfgedanken und die Herzgefühle getrennt und konntest so vertrauen. Ich habe das Gefühl, dass es nun Zeit ist für den Heiler und Seelenleser Bruno.« Schweigend liefen wir nebeneinanderher. Vor uns unsere kleine gesunde Tochter im Kinderwagen. Innere Filmsequenzen aus der Vergangenheit schossen durch meinen Kopf. Geburtssehfehler, mentale Kommunikation, meine beruflichen Erfolge, Erkenntnis auf den Malediven, im Innen suchen, auf das Herz hören, meine medialen Ausbildungen, Seelenlesen, die vielen Bestätigungen im Außen.

Meine Gedanken bäumten sich auf. »Job suchen, wenn ja was? Ich muss mir vertrauen! Ich muss mir vertrauen! Ich muss mir vertrauen! Ich vertraue mir! Ich vertraue meinem Gefühl! Ich vertraue meiner Seele! Okay, ich kann nichts mehr verlieren, ich kann nur gewinnen, ich setze auf meinen Seelenweg!«

Wir blieben stehen und blickten uns an. Ich hatte Tränen in den Augen. Mein Stolz war angeknackst, mein Bankkonto leer. Einer der besten Versicherungsberater war ich einmal. Luxus in Hülle und Fülle und jetzt diese Situation. »Im Notfall können wir auch eine Zeit nur von meinem Lohn leben«, sagte meine Frau.

Ich wurde regelrecht in diese Situation gedrängt und hatte keine andere Wahl. Es klingt verrückt, doch mein Schmerz war so groß, dass ich alles auf den Seelenweg setzen musste. So eröffnete ich 2013 meine Praxis in Winterthur, Schweiz.

Mein lieber Freund, Andy Knöpfel, wusste, dass ich in Firmen Referate gehalten hatte. Irgendwie kamen wir bei einem Kaffee auf die Idee, dass er eines für seine Kunden veranstalten könnte. In seiner damaligen Krankenversicherung fiel dann am 12. März 2014 der Startschuss. Er organisierte eine Abendveranstaltung mit meinem neuen Referat: »Jenseits der Logik – Schmerzfrei in 60 Sekunden!« Intuitiv nahm ich das Referat auf Video auf und stellte es bei YouTube ein, wo es schon bald über 80 000-mal angeklickt wurde. Weitere solche Abendanlässe folgten. Das war mein Glücksfall und Durchbruch. Schnell war ich über Wochen und Monate im Voraus ausgebucht.

Wenn der Körper zwickt, hat die Seele schon zweimal geklingelt

Warum wird jemand krank? Meistens sind es diese vier Gründe:

1. falsche Nahrungsmittel, Medikamente, Kosmetik
2. Stress, Druck, Sorgen und störende Einflüsse durch andere Menschen wie z. B.: Chef, Firma, Schwiegereltern, Nachbarn, Kinder usw.
3. Elektrosmog
4. Den Glauben an das Leben verloren und somit nicht auf dem Seelenweg

Zur Information: Das Gesundheitswesen in der Schweiz hat jährliche Kosten in Höhe von ca. 70 Milliarden CHF. Allein durch Stress entstehen Kosten in Höhe von ca. 5 Milliarden (Statistik bufa). Die genannten Kosten kann ich diesen drei Lebenssäulen zuordnen:

- Privat
- Gesundheit
- Beruf

Wird eine dieser Säulen instabil, beginnt das ganze Leben zu schwanken. Wenn also jemand in der Arbeit über längere Zeit zu viel Stress hat, dann wird er wohl früher oder später krank. Darunter leidet auch seine private Beziehung. Wird jemand ein Pflegefall, fällt er in der Arbeit aus. Das hat unweigerliche Auswirkungen im Privatleben. Wird das Privatleben zum Beispiel durch eine Scheidung instabil, hat das oft auch Auswirkung auf die Gesundheit und den Beruf.

Aufgrund dieser Tatsache beschloss ich, mir diese drei Lebensbereiche in Form einer Energiewolke oberhalb eines Kopfes hinzudenken. Es ist die Verbindung zwischen den gedachten Gedanken aus dem Kopf zur Seele. Wenn ich folglich einen Menschen von vorn betrachte, dann sehe ich in der Mitte, oberhalb des Kopfes, seine Gesundheitsenergie. Links habe ich den Bereich Privat zugeteilt und rechts Beruf bzw. Business.

Der zweite Schritt ist jetzt, die Qualität und Stabilität dieser Energie festzustellen. Wie hoch ist die Energie? Wird sie von oben gedrückt? Hat sie Risse oder Kerben? Du kannst dir in Gedanken auch einen Seidenschal über die Energie werfen, um zu sehen, wie und wo der Schal nach unten schwebt. Wie hoch schwebt der Seidenschal auf dem jeweiligen Bereich? Mit dem inneren Auge lässt sich das zum einen gut vorstellen und zum anderen gut sehen. Ich mache mir mit diesem kleinen Trick die Gefühle sichtbar und erkenne, wo der Kunde Druck oder Probleme hat. Mehr dazu später. Am einfachsten kann ich dir das an einer Geschichte aus der Praxis verdeutlichen.

GESCHICHTE AUS DER PRAXIS
So wurde Toni wieder gesund

Toni öffnet im Frühling 2015 sein Herz bei mir in einem Coaching. Es beginnt banal, ich frage: »Wie geht es dir?«, und schaue kurz oberhalb seines Kopfes hin. Ich sehe, wie über allen drei Bereichen Druck von oben auf ihm lastet. Er weiß nicht, was ich sehe, ich weiß von ihm nichts. Für mich sind diese Doppelblind-Tests immer unbezahlbare Trainings. Leider bestätigt er mir, dass das, was ich sehe, mit seiner gefühlten Realität übereinstimmt.

Er antwortete: »Nicht gut.«

»Was ist denn los?«, möchte ich wissen.

»Ach weißt du, in unserer Firma haben sie eine neue Software eingeführt. Ich bin komplett überfordert. Ich bin am Anschlag und mache mir große Sorgen. Du weißt ja, ich wurde befördert und bin nun für zehn Mitarbeiter verantwortlich. Doch mit diesem zusätzlichen Druck kann ich nicht umgehen. Ich sehne mich nach meiner alten Aufgabe in der Firma zurück.« Ich höre aufmerksam zu und spüre deutlich seine Belastung.

Plötzlich sprudelt es nur so aus ihm heraus. »Dazu sehe ich unsere Flüchtlingssituation. Das bringt uns alle um. Diese Vermischung der Kulturen ist einfach nicht gut. Wir können unmöglich alle retten. Dabei werden wir doch selbst untergehen, alles verändert sich zum Negativen und ich bin machtlos. Und wenn wir schon dabei sind: Das abgestürzte Flugzeug der Germanwings (24. März 2015 Absturz Germanwings 9525) war doch kein Selbstmord des

Piloten. Ich habe viel mehr das Gefühl, dass die USA diese Maschine abgeschossen hat.«

Ich höre zu. Als wäre es nicht genug, erzählt er am Schluss: »Doch das allerschlimmste habe ich dir noch gar nicht gesagt. Ich habe das Gefühl, meine Frau hat einen Freund. Weißt du, was das bedeutet? Ich habe Angst, meinen Sohn und meine Frau zu verlieren. Ich bin komplett am Boden und überfordert.«

Wir beginnen nun in jedem Bereich konkret abzufragen, was wir machen müssen, damit er wieder zu Kräften kommt. Das Wissen ist der erste Schritt. In einigen Coachingsitzungen verbessern wir seine Lage Schritt für Schritt. Dann machen wir eine Pause.

Vor wenigen Wochen sah ich Toni nun wieder und fragte ihn, wie es ihm gehe. Er lachte und strahlte: »Super!«

»Wirklich?«

»Ja!«

»Nimmst du Drogen?«

»Nein, im Ernst, es geht mir einfach nur gut.«

»Wie hast du das gemacht?«, wollte ich interessiert wissen.

Er lachte. Was er dann sagte, berührte mich sehr. »Weißt du, ich habe alle deine guten Lösungen und Antworten, die du bei mir gelesen hast, sowie die Tipps und Tricks zusammengelegt und daraus meine Toni-Methode erschaffen!«

Die TONI-Methode

Seine Geschichte hat mich tief beeindruckt, daher möchte ich hier die TONI-Methode im Detail darlegen. Er unterteilte seine Verbesserung in drei Grundteile:

1. Ich
2. Handeln
3. Rituale

1. Ich
Unter Punkt 1 (ICH) wurde ihm klar, dass nur er der Schöpfer seiner Welt ist. Er suchte keine Antworten mehr im Außen, er suchte neue Antworten bei sich. Gemeinsam fanden wir Antworten auf die Fragen:

– Wer bin ich?
– Was will ich?
– Was kann ich?
– Was ist mein »Seelenauftrag«?
– Was ist meine Vision?
– Was und wer beeinflusst mein Denken? (Zu Beginn kompletter Verzicht auf Medien wie TV, Internet, Zeitung)

Diese Antworten bildeten klar sein Fundament. Gemäß Toni war das Lesen seiner unbewussten Gedanken und das Wissen um seinen »Seelenauftrag« eine wichtige Abkürzung.

Das Erkennen der ganz großen Vision (Seelenauftrag) ist immer sehr berührend und ergibt zu 100 % Sinn. Es löste auch bei Toni das Gefühl von »Ich bin angekommen« aus.

2. *Das Handeln von Toni*
Er konfrontierte sich mutig mit dem Chef und besprach sein Problem. Dieser bemerkte sein Problem und mit etwas Glück konnte Toni seinen alten Job wiedererhalten.

Er begann, seine Frau wieder in den Mittelpunkt zu stellen und machte ihr ehrliche Komplimente. Dazu lobte er permanent sein Umfeld. Aus der Hirnforschung weiß man, dass das Gehirn nicht unterscheiden kann: Lobe ich mich oder jemand anderen. Sein Unterbewusstsein wurde dadurch deutlich positiv beeinflusst.

Toni nutzte dazu die Kraft des Unterbewusstseins und schaute sich täglich zweimal, am Morgen und am Abend: »222 positive Glaubenssätze in 60 Sekunden« (kostenlos auf YouTube) an.

3. *Rituale*
Damit seine Handlungen schnell große Früchte trugen, begann er konsequent und sehr diszipliniert Rituale und Gewohnheiten in den Alltag einzubauen. Daraus entstand die Geheimformel *TT345*.

TT = Täglich Tun!

3 = Jeden Abend im Bett suchte er drei Gründe, worüber er heute dankbar ist! Jeden Abend findet er hier drei neue

Gründe für die Dankbarkeit. Dankbar, dass man auf sein Herz gehört hat. Dankbar, dass er gesund ist. Dankbar, dass man ein Dach über dem Kopf hat. Dieser Punkt geht schon in Richtung Demut. Es ist wichtig, in das Gefühl der Dankbarkeit zu gehen. Mir persönlich gelingt das sehr gut, wenn ich dabei die Augen schließe und kurz innehalte.

4 = Er visualisierte jeden Abend im Bett vier Zukunftsziele. Diese immer wieder gleichen kurzen Filmsequenzen dienen dem gewünschten Zukunftsplan.

Wenn ich z. B. ein Projekt energetisch laden möchte, tauche ich immer wieder bewusst in ca. fünf Filmsequenzen ein. Beispiel: Ich möchte viele Lesungen für dieses Buch.

1. Sequenz: Ich sehe motivierte Besucher in einen Raum kommen.
2. Sequenz: Der Raum ist voll, die Besucher warten offen und gespannt.
3. Sequenz: Mein Referat oder meine Lesung gelingt mir wunderbar, wie von Zauberhand.
4. Sequenz: Die Zuschauer applaudieren mir frenetisch zu. Ich fühle das Gefühl.
5. Sequenz: Die Teilnehmer kaufen meine Produkte, buchen meine Seminare und die Presse berichtet positiv davon.

5 = Im Anschluss fand er täglich fünf neue Gründe, in denen er erfolgreich war. Was also hast du heute gut gemacht? Wo kannst du stolz auf dich sein?

Beispiel: Ich habe heute ein schwieriges Telefongespräch erfolgreich erledigt. Ich war bei allen Terminen pünktlich. Ich habe fristgerecht mein Projekt abgeschlossen. Ich habe meiner Frau einen Blumenstrauß gekauft.

Weiter beobachtete er akribisch seine Gefühle und Gedanken. Weg von der Angst – hin zur Freude und guten Gefühlen. Da dieser Prozess unbewusst läuft, stellte er sich zu Beginn einen Wecker, der stündlich klingelte. Bei jedem Klingeln reflektierte er seine Gedanken.

Am Ende der Woche fragte er sein Herz mit der Wochenfrage an sich selbst: »Bin ich auf dem richtigen Weg? Braucht es eine Korrektur?«

Für sein konsequentes Verhalten belohnte er sich einmal die Woche. Dass dies wichtig für das Gehirn ist, weiß jeder Tierdompteur. Erziehung dank Belohnungssystem.

Das Toni-Modell lässt sich sehr einfach für ein sinnvolles, leichtes, glückliches und erfolgreiches Leben nutzen und umsetzen. Ist es wirklich so einfach? Für Toni war es die schmerzvolle Vorstellung, sein Kind und seine Frau zu verlieren. Das trieb ihn konsequent an und gab ihm die nötige Kraft für die Umsetzung. Schmerzen oder Freude können uns stark antreiben und motivieren. Durchhaltewillen ist gefragt. Zum Glück gibt es gute Coaches, die dich für eine bestimmte Zeit begleiten.

Wenn ich oberhalb des Kopfes die Energie sehe, fühle und lese, dann ist es sehr wichtig, dass die gesehene Ansicht in der Kommunikation mit Kunden immer neutral formuliert wird. Damit das schnell klar wird, hier zunächst ein negatives Beispiel. Der Kunde würde hier unnötig und unprofessionell beeinflusst: »Ich sehe, du hast viel Druck und Stress in deinem privaten Umfeld. Da braut sich etwas zusammen.«

Selbst wenn es stimmen sollte, destabilisiert diese hypnotische und prophezeiende Aussage die Gesundheit eines Menschen. Auch ich bin nur ein Mensch mit meiner Tagesverfassung und kann mich irren. Es ist ratsam, das Lesen der Energien vorsichtig in einer Frage zu formulieren. Besser so: »Ist es theoretisch möglich, dass du gerade etwas Druck hast?« Oder: »Haben Sie gerade etwas beruflichen Stress?«

Der Kunde hat so Zeit, um sich seiner Gefühle klar zu werden. Viele Menschen tragen auch eine Maske. Diese Maske abzulegen fällt nicht allen gleich leicht. Dazu kommt der Nocebo-Effekt. Es ist, als wenn ein Arzt ein Röntgenbild von dir macht, es dir zeigt und sagt: »Oha, da haben Sie aber starke Schmerzen im Kreuz. Das ist sehr schlimm! Da sind lauter weiße Punkte.« Auch wenn du bis heute keine Schmerzen dort gehabt hast, ab morgen wirst du sie haben, weil du zum einen dein Röntgenbild gesehen hast und zum anderen dir der Arzt deines Vertrauens diese Diagnose anvertraut hat. Worte können uns sehr verletzen und krank machen.

Vor allem zu Beginn des Lesens der Energien war ich mir lange nicht sicher, ob ich diese Energien richtig interpretiere und ob ich mir selbst vertrauen kann. Ich hinterfragte mein Sehen. Das hat natürlich wie immer Vor- und Nachteile. In diesem Fall wollte ich einfach 100 % sicher sein, dass ich korrekt liege. So frage ich in der Regel selbst heute noch beim Lesen die Energien mehrmals ab, um zu sehen, ob ich auch wirklich rein bin. Das geht alles sehr schnell und ganz nebenbei.

Plötzlich sah ich die Seele
So lese ich den Seelenauftrag

Bereits viele Jahre bevor ich die unbewussten Gedanken und Blockaden bei den Menschen lesen konnte, gelang es mir, die Seele der Menschen zu sehen und zu lesen. Unabhängig meiner Ausbildungen sah ich plötzlich die Seele anderer Menschen. Etwa eine Handbreite oberhalb des Kopfes schwabbelte eine Art transparente Wolke. Keine Ahnung, warum ich mir so sicher war, doch ich wusste einfach sofort, das ist die Seele. Punkt! Ich war völlig gerührt und von den Socken.

Nach einigen Momenten der Rührung fragte mein Verstand: Und was mache ich nun damit? Ich schaute damals die Seele meiner Frau an und wollte einfach alles über sie wissen. Es schwappten Emotionen und undefinierbare Bilder zu mir. Irgendwann erkannte ich, dass ich fragen muss. Doch was sollte ich fragen? Ich war überfordert. Es war alles so neu und faszinierend. Ich spürte, wenn ich die Seele bewusst sehen wollte, sah ich sie nicht. Ich musste mich innerlich leer machen, entspannen, nichts denken und einen speziellen Blick einnehmen. Es war mehr ein Sehen mit dem dritten Auge, mit der Stirn, als mit den physischen Augen. Dazu half mir sicher mein

Geburtssehfehler und auch, dass ich nun wusste, wo die Seele saß.

Ich suchte nun diverse Testobjekte – natürlich wieder meine Frau, meine Mutter, liebe Menschen in der Familie, bei Freunden und auch in der Geistheilerausbildung, die ich 2010 begann. Hier konnte ich offen darüber sprechen. Meine Kolleginnen fanden das zudem auch spannend und fragten mich, ob ich etwas über ihre Seele sagen könnte. Schnell stellte ich fest, dass eine einfache Frage nicht reichte, sondern ich immer eine konkrete Frage dazu brauchte. Es war wie beim Körperscannen. Den ganzen Körper im Detail zu scannen, war für mich zu Beginn enorm aufwendig. Als würde man das Mittelmeer nach einem versunkenen Schlauchboot absuchen. Ich war froh, wenn man die Region etwas eingrenzen konnte, dann hatte ich auch mehr Erfolgserlebnisse, was mein Lernen förderte. Und genau darum ging es schlussendlich. Aus der Gehirnforschung weiß man, dass man beim Lernen Fehler machen soll und Fehler machen darf. Doch es braucht auch Treffer für die Motivation.

Meine wichtigste Starterkenntnis: Es brauchte für die Seele immer eine klare Frage. Eine Kollegin aus der Ausbildung, Jutta, wollte wissen: Was ist wichtig, wenn ich mich selbstständig mache? Ich brauchte damals sehr viel Zeit, um etwas zu sehen. Es funktionierte für mich nicht, wenn man mich erwartungsvoll anblickte. Das löste damals Druck in mir aus und verschloss das innere Sehen. Da ich die Menschen sehr emphatisch wahrnehme und spüre, kann das auch heute noch ein Problem darstellen. Nur weiß ich heute, was ich machen muss, damit es dennoch geht. Während der Ausbildung sah ich immer wieder zu Jutta hinüber, blickte oberhalb ihres Kopfes und wiederholte innerlich die Frage. Immer und immer wieder. Dann wartete ich, als würde ich beim Telefonieren gespannt und freundlich lauschen, bis sich eine Stimme meldet. In diesem Zustand bist du voll fokussiert und bereit. Plötzlich sah ich Bilder. Eine Art Metaphern-Sprache. Es ging sehr schnell, ich wusste genau, was sie bedeuten.

›Sie musste ihre Praxis zu bestimmten Zeiten offen haben. Wichtig war, dass sie am Abend Feierabend und so Zeit für die Kinder hatte. So konnte sie sich gut abgrenzen und hatte dennoch Zeit für die Kunden.‹ Jutta war fasziniert und stimmte mir begeistert zu, das ergab Sinn!

Das Gesehene war wie ein sanfter Tagtraum in Bildern. Ich musste es mir aufschreiben, da schon kurze Zeit später alles wieder wie vergessen war. Das ist oft auch heute noch so. Diese feinstofflichen Bilder scheinen anders zu funktionieren als unsere reale Welt. Als Skeptiker hinterfragte ich mich: Sind diese Informationen in meinem Verstand entstanden? Nein, sind sie definitiv nicht. Es ist kein Studieren und Grübeln. Es ist ein Empfangen. Ich mache keine Musik, ich empfange sie. Das ist ein sehr entscheidender Unterschied.

Einfaches Beispiel: Stell dir einen Apfel vor. Wie sieht er aus? Welche Farbe hat er? Du erschaffst dir ein inneres Bild. Doch nun schau aus dem Fenster, was siehst du? Du erschaffst nicht, du schaust. Und genau darum geht es. Du schaust und empfängst. Es erscheint ein Bild in deinem Geist, das nicht von dir ist.

Erwartungsdruck stört das Lesen

Wie ein Besessener wollte ich nun üben, üben, üben. Ich stellte jedoch schnell fest, dass der Erwartungsdruck ein echtes Problem für mich darstellte. Wenn jemand damals wartend vis-à-vis vor mir saß, ging es nicht. Als kleiner Trick legte ich dem Kunden ein Buch zum Lesen hin. Und siehe da, der Druck verflog. Später verwickelte ich die Menschen in Gespräche, hörte zu, stellte mental Fragen und empfing die Informationen. Das brauchte natürlich etwas mehr Übung und ging nicht bei jedem Thema, doch Übung macht den Meister.

Anruf bei meiner Seele: Zeige mir mein Talent

Auf meiner Suche in den Jahren 2007 bis 2012 nach Lösungen für meine Schmerzen kam ich meiner Seele immer näher. Die Schritte waren klein und es dauerte seine Zeit. Ich entdeckte, dass ich meine Seele um Lösungen fragen konnte.

Dienstag, 9 Uhr, ich legte mich zu einer Meditationsmusik von Dr. Arnd Stein entspannt auf mein Sofa. Mein Blick war auf die weiße Wohnzimmerwand gerichtet. Ich fragte: Zeige mir verständlich, was soll ich auf keinen Fall in diesem Leben machen. Ich wiederholte diesen Satz noch einige Male. Obwohl ich der Meinung bin, dass wir die Worte »nicht« und »kein« meiden sollten, wartete ich gespannt und ließ innerlich los.

Ich sah mich plötzlich auf dem Meeresboden als Perlentaucher. Schlagartig wurde mir bewusst, dass ich das in der Tat nicht machen möchte. Ich begriff auch, dass es nicht um den Perlentaucher an sich ging, sondern um extrem genaue Detailarbeit in der Tiefe. Das entspricht in der Tat nicht meinen Fähigkeiten, für diese Aufgaben benötige ich überdurchschnittlich viel Zeit und Energie. Ich kann es, doch es ist nicht meine Aufgabe. Heute habe ich viele meiner Perlentaucheraufgaben wie Buchhaltung, Inventar, Tabellen nachführen usw. delegiert. Getreu dem Motto: »Stärken stärken!«

Ich war beeindruckt von der Einfachheit und dem klaren Bild. Es ergab absolut Sinn. Motiviert folgte meine Gegenfrage an meine Seele: Zeige mir meine Fähigkeiten. Auch diesen Satz wiederholte ich noch einige Male. Dann ließ ich los und lauschte der Entspannungsmusik. Plötzlich sah ich mich am Meer. Ich überblickte etwas erhöht eine Meeresbucht mit Felsen, Sandstrand und das weite Meer. Ich sah gleichzeitig unter die Wasseroberfläche auf den Meeresboden. Wiederum war mir sofort klar, was diese Metapher aussagt. Meine Fähigkeit ist es, Situationen aus einer gewissen Distanz heraus neutral zu überblicken. Ich sehe dabei ins Bewusstsein und gleichzeitig ins Unterbewusstsein eines Menschen. Ich sehe in die Seele!

Als wollte mir meine Seele sagen: »Das ist korrekt!«, überfiel mich als Bestätigung ein kalter Schauer, gefolgt von Hühnerhaut und feuchten Augen.

Wenn man zu nahe am Ziel steht, dann erkennt man das Ziel nicht. So dauerte es noch eine Weile, bis ich verstand, dass ich einfach alle Energien lesen kann.

Anruf bei meiner Seele: Was ist mein Seelenauftrag?

Ich erinnere mich, dass ich meinen Seelenauftrag mehrmals abgefragt habe. Ich wollte sicher sein, dass ich mich richtig lese. Bei den ersten Malen sah ich ein stehendes Bild.
Eine Person streckte die Hand zu einer anderen Person aus, die in einem Graben feststeckt. Der Mensch in der Tiefe kann dank der ausgestreckten Hand aus dem Graben hochkommen. Es war deutlich kein Hochziehen, es war lediglich die Möglichkeit, diese Hand anzunehmen, sich daran festzuhalten und selbst hochzuklettern. Intuitiv wusste ich, dass ich der Handausstrecker bin und so den Menschen aus einem dunklen Tief heraushelfe, wieder nach oben zu kommen.

Bei den weiteren Abfragen schaute ich länger hin. Dabei stellte ich fest, dass, wenn ich länger »hinsehe«, mehr Bilder beziehungsweise auch Filmsequenzen zu sehen waren. So ergänzte sich mein bisheriges Bild wie folgt: Als die Person im Graben mir ihre Hand gab, zog ich diese schnell aus der misslichen Situation, »reinigte« sie und gab der Person einen Tritt in den Hintern. Wiederum wusste ich intuitiv, dass, wenn ein Kunde mir vertraut, es schnell geht. Das Reinigen war das Lösen seiner inneren Handbremsen, Glaubenssätze und Blockaden. Es war das Helfen, um in die innere Gesundheit zu gelangen. Der Tritt in den Hintern war die Aktivierung seiner inneren Kraft, um allein in die richtige Richtung zu gelangen, ohne lange Begleitung von mir.

Mich fasziniert diese Art von Seelen-Metaphern-Sehen noch heute. So weiß ich sehr genau, ob ich das glauben kann oder nicht, ob es der Wahrheit entspricht oder nicht. Ich wusste jetzt, mein Seelenauftrag lautet:

Die Bestimmung für einen Menschen finden und ihm helfen, seine Blockaden zu lösen. So kann er sich erinnern, wer er ist und was er kann. Mit seinem eigenen Glauben erkennt er sein Potenzial und erreicht so seine Bestimmung, seine Ziele, in Gesundheit und Glück.

Mit Ehrfurcht reflektierte ich mein neues Wissen. Ja, ich habe schon immer gern den Menschen geholfen, zu verstehen und besser zu werden. Das war auch in meiner Zeit als Hauptagenturleiter bei einer Versicherung so. Meine Welt ist »jenseits der Logik«. Ich nutze dabei die Kraft der inneren Bilder. Meine Seele hüpfte vor Freude!

Die Vermischung mit der Logik

Zu Beginn hast du dir notiert, was dir Spaß macht und welche deine Talente sind.

Suche dir nun jeweils die drei wichtigsten Begriffe heraus und schreibe sie in zwei Kolonnen auf. Du hast eine Kolonne mit den drei Spaßbegriffen und eine Kolonne mit den Begriffen deiner Talente. Lässt sich da etwas verbinden und kombinieren? Denn das bist du!

Wähle in einem weiteren Schritt die beiden wichtigsten Begriffe aus und überlege dir, ob sich daraus zusätzlich eine Schnittmenge bilden lässt.

Frage dich zum Schluss: Gibt es eine Tätigkeit, in der ich meine wichtigsten Talente einsetzen kann und bei der ich gleichzeitig Spaß habe?

Doch Vorsicht! Verwechsle bitte nicht deine innere Bestimmung mit einer sichtbar gemachten beruflichen Positionierung als Lebenssinn. Es geht um deine Bestimmung im Inneren und nicht um den Beruf im Außen.

GESCHICHTE AUS DER PRAXIS
Das Vermächtnis von Thomas

25. Januar 2017, 11 Uhr, Frau Müller ruft mich an. Sie hat mich im Internet gefunden und meldet mir, dass ihr Mann schwer krebskrank im Spital liegt. Sie ist der Meinung, ich könne helfen. Sie informiert mich, dass er letztes Jahr zwölf Chemotherapien hatte und nun seit dem 3. Januar wieder im Spital liegt, auf der Palliativabteilung, wo er 24 Stunden betreut, beobachtet und künstlich ernährt wird. Die Organe verlieren die Energie, die Schmerzen sind sehr groß.

Ich bin kein Wunderheiler, erkenne jedoch, dass es vielleicht für ihren Mann Thomas trotzdem eine Chance gibt. Was, wenn ich die nicht nutzen würde? Ich sage Frau Müller zu und schiebe private Termine, damit ich möglichst rasch ins Spital gehen kann. Nach einigen Behandlungen geht es Thomas tatsächlich besser. Plötzlich funktionieren die Nieren besser und es entsteht trotz Notfalloperation an der Blase Grund zur Hoffnung.

Ich frage Thomas direkt: »Was denkst du, warum hast du Krebs bekommen?« Er weiß es nicht. Doch dann erzählt er mir aus seinem Leben. Er leistete immer sehr viel. Dennoch benötigte er dann auch Zeit für sich und seine Gedanken, um einfach »zu sein«. Er hatte oft das Gefühl, er lebe ein Leben nach den »Vorstellungen« der anderen. Ich erfuhr, dass er seine inneren Emotionen, die große berufliche Belastung allzu oft unterdrückte und sich nicht genügend abgrenzen konnte. Nach außen wirkte er gelassen, innerlich brodelte es. Still und leise wurde er immer dünnhäutiger. »Das würde ich nie mehr machen. Ich würde nur noch das tun, worauf ich Lust habe. Ich würde nur noch, zusammen mit meiner Frau, für mich leben.« Er wird traurig. Ob diese Chance verpasst ist? Wenn ich seine Seele lese, dann sehe ich, wie er das innere Glück liebt und es ihm große Freude macht, anderen Freude zu bereiten. Ich sehe, wie diese innere Blume jedoch am Welken ist.

Mir wird klar, dass ich an ihn und seine Kräfte glauben muss. Ich stoße mit all meinem Wissen, meinem inneren Begleiter und mit meiner Energie die Selbstheilung an. Ich will glauben! Ich fühle das Leben in ihm. Ich fühle jedoch auch den sehr schwachen Körper. Es ist, als wenn du mit einem komplett kaputten Auto ein Formel-1-Rennen gewinnen willst. Doch nichts ist unmöglich. Ich spüre seinen inneren Lebenskampf.

Er liegt im Bett, verbunden mit diversen Schläuchen. Ich sitze auf dem Stuhl und halte seine Hand. Plötzlich nimmt er meine Hand, schiebt sein Nachthemd etwas hoch und legt meine Hand auf sein Herz, als würde er sagen: »Bitte, bitte, bewirke jetzt ein Wunder. Ich will leben!« Ich fühle seinen Herzschlag, seine sehr feine Haut. Seine Lungen gleiten langsam auf und ab. Seine Augen sind geschlossen. Eine gefühlte Stunde vergeht. Dann beginn er sich sanft zu bewegen und öffnet seine Augen. Er lächelt mich an und wir reden wieder. Ich erzähle ihm von diesem Buch. Ich erzähle ihm, dass, egal wie seine Geschichte weitergeht, ich ihn gern in meinem Buch haben möchte. Seine Geschichte wird so unsterblich und er kann vielen Menschen helfen. Er: »Helfen? Wie denn?«

Ich: »Wenn du den Menschen da draußen eine Botschaft hinterlassen könntest, was würdest du ihnen sagen?«

Er überlegt einen Moment, schaut mir klar in die Augen und sagt: »Lebe im Hier und Jetzt! Es gibt diese Worte auch auf Englisch, here and now. Im Hier und Jetzt! Es ist ganz einfach und doch so schwer. Ich lebte immer für andere im Außen und nahm mir zu wenig Zeit für mich und mein inneres Verlangen. Jetzt habe ich Zeit für mich. Die Tage sind nun endlos, die Schmerzen riesengroß. Ja, ich würde den Menschen und deinen Lesern sagen: Lebe immer im Hier und Jetzt in deinem eigenen Tempo. Genieße jeden Moment. Fang das Glück.«

Das alles spiegelte sich auch in seiner Seele wider. Er hatte einfach den Wunsch, eine lichtvolle Blume zu sein. Eine Blume blüht nicht für andere, sie blüht für sich. Punkt. Sie denkt nicht. Sie urteilt nicht. Sie blüht für sich und ist glücklich.

»Fang das Glück«, sagte Thomas. Das erinnerte mich an das Lied von Karel Gott und Darinka *Fang das Licht* aus dem Jahr 1986. Hier ein Auszug aus einer Strophe:

»Fang das Licht von einem Tag voll Sonnenschein,
halt es fest, schließ es in deinem Herzen ein,
heb' es auf und wenn du einmal traurig bist,
dann vergiß nicht, daß irgendwo noch Sonne ist …«

Wenn wir davon ausgehen, dass unsere Seele unsterblich ist, dann sind wir einfach Gast in unserem Körper, in dem wir glauben, wir seien der Körper. Der Ausstieg aus einem Körper ist dann lediglich ein Übergang in eine neue Welt ohne Körper, wir verlieren damit nur das Fühlen durch den Körper.

Leider musste ich bei Thomas immer wieder feststellen, dass seine körperlichen Kräfte sich immer mehr reduzierten. Ich stabilisierte die Chakren, versuchte die Seelen der Organe zu erneuern. Es ist, als wenn ein Kartenhaus zusammenbricht. Dazu kam, dass die künstliche Ernährung vor Tagen abgestellt wurde und auch diverse Vitamine fehlten.

Bei meinem letzten Besuch, am 18. Februar 2017, sah ich, wie sich der mentale Körper aus dem physischen Körper löste vor Schmerzen. Das war kein gutes Zeichen. Thomas war noch voll ansprechbar, doch seine Organe begannen sich zu lösen. Am 21. Februar starb Thomas. Ich werde seinen letzten Abschiedsblick immer in meinem Herzen tragen und seine Worte an die Menschen weitergeben. »Lebe immer im Hier und Jetzt in deinem eigenen Tempo!«

Für mich war diese Begegnung kein Zufall. Alles hat seinen Sinn. Es brachte mich dem Thema Krebs näher. So ging ich nach Hause und googelte alles über Krebs. Wie entsteht überhaupt Krebs? Was hat das mit der Seele zu tun? Aus meiner Sicht und Erfahrung entsteht Krebs aus den eigenen negativen Emotionen, es sind gedankliche verzweifelte Gefühlsbefehle an den eigenen Körper.

Natürlich empfindet jeder Mensch unterschiedlich. Sichtbar wird das schnell bei einem romantischen Liebesfilm. Nicht alle weinen an der gleichen Stelle. Nicht alle Menschen frieren bei der gleichen Temperatur. Unsere Körperhülle hat Gefühle, mit der jeder unterschiedlich umgeht. Doch tiefgreifende Erlebnisse, Ängste, Verzweiflung lassen uns innerlich dem Körper Befehle erteilen, die er irgendwann beginnt unbewusst auszuführen. Hass, Neid, Gier, Eifersucht fördern den Nährboden der Krebszellen. Liebe heilt alle Wunden. Dabei sprechen wir von der wahren Liebe. So wundert es nicht, dass frisch Verliebte sehr selten krank sind. Gute Ernährung mit Vitaminen gehört natürlich ebenso dazu. Doch wenn verzweifelte Todeskommandogedanken immer wieder intensiv visualisiert werden, ist das wie ein giftiger Dorn für die Seele. Die verletzte Seele wird schwächer und entzündet sich. Sie wird instabil und der Körper wird krank. Alles ist Energie.

Wenn die Seele den Körper verlässt – Ärzte berichten

Als Seelenleser fasziniert mich natürlich auch die Situation, wenn eine Seele bei einem Spitalaufenthalt den Körper verlässt und wieder zurückkommt. Der Schweizer Arzt Dr. med. Reto Eberhard Rast hat diverse Nahtoderfahrungen untersucht. In seinen Erfahrungsberichten beschreibt er beeindruckende Erlebnisse. Zum Beispiel Menschen mit einem Komplettausfall von Herz und Gehirn sehen Dinge, die sie nicht wissen können. Hier drei Beispiele:

- Ein Kind erlebt bei einer Operation ein Nahtoderlebnis. Dabei sieht es die eigene Mutter im Nebenraum vor Verzweiflung rauchen, obwohl sie damit längst aufgehört hatte.
- Ein Blindgeborener macht scheinbar Seherfahrungen, was wissenschaftlich nicht erklärbar ist.
- Eine Person kann eine zwölfstellige Nummer sagen, die nur von der Decke aus, auf der oberen Seite der OP-Lampe, zu sehen ist.

Die Seele verlässt den Körper und gleitet in unseren Beispielen »nach oben«. Fragt man die Patienten, dann beschreiben alle, diese Nahtoderfahrungen mit einem Gefühl von Frieden und Glück zu erleben. Für mich das Interessanteste: Es werden dabei die Gedanken der Personen gelesen, also was denkt der operierende Arzt, was die wartende Mutter. »Alle diese Ereignisse gehen über einen Zufall hinaus«, meint Dr. med. Rast. Auch sei es komplett egal, welcher Nationalität, Hautfarbe oder Religion der Mensch angehört. Aber das ist uns ja klar.

Auch der Holländer Dr. Pim van Lommel, Kardiologe, ging der Frage nach: »Warum erleben Menschen mit einem Herzstillstand Bewusstsein?« Er machte eine wissenschaftliche Studie über Nahtoderfahrungen. Schon 1988 fand er dazu 344 Patienten in zehn holländischen Spitälern, die klinisch tot waren, diese Studie wurde 2001 in *The Lancet* veröffentlicht. Aus diesen Studien ging hervor, das Bewusstsein kann auch außerhalb des Körpers funktionieren. »Die Medizin muss hier umdenken«, sagt van Lommel. »Das Gehirn hat keine Erzeugungsform, sondern nur eine Vermittlerfunktion für das Erleben von Bewusstsein.«

Er sagte 2016: »Ich hatte in der Zwischenzeit mit über 100 000 Menschen Kontakt. Ich halte viele Referate an Universitäten und Spitälern. Es findet ein klares Umdenken statt. Das braucht seine Zeit. Für mich hat sich mein Leben komplett verändert. So habe ich auch keine Angst mehr vor dem Tod.« (http://www.pimvanlommel.nl/ interviewuw_1 [28.5.2017] https://www.youtube.com/ watch?v=ueXlmLEbuVs [28.5.2017]

Das Seelenlesen und die Wiedergeburt sind inzwischen bei vielen Menschen wieder ins Bewusstsein gelangt.

Unauslöschliche Erfahrung
Einmal Himmel und zurück

In einem Meditationsseminar machte ich 1996 eine unvergessliche und tief prägende Glaubenserfahrung. Mit sanfter Musik wurden wir in einen entspannten Zustand geführt.

Ich musste mir vorstellen, wie ich in meiner Wohnung stand. Daneben mein Koffer, bereit für eine lange Reise. Ich verließ die Wohnung und ging einen langen Weg entlang. Am Rande standen viele Menschen, die sich von mir persönlich verabschiedeten. Irgendwann wurde ich müde und musste mich auf einer Parkbank ausruhen. Ich schloss die Augen und schlief ein. Plötzlich stand ich vor einem großen Kirchentor. Ich öffnete das große Tor, das ich noch heute innerlich exakt vor mir sehe, und gehe in die Kirche hinein. Drinnen sehe ich viele traurige Menschen. Es erinnert mich an eine Beerdigung. Ich will sehen, wer verstorben ist, gehe ganz nach vorn und schaue in den Sarg. Ich sehe, dass es meine eigene Beerdigung ist. Verwirrt blicke ich mich in der Kirche um und verstehe nicht, warum alle so traurig sind. Sie tragen meinen Sarg nach draußen und lassen ihn in ein Erdloch gleiten. Noch immer trauern die Menschen. Ich versuche, die vielen lieben Menschen zu trösten und sage, ich bin doch hier. Niemand kann mich jedoch wahrnehmen. Je öfter ich ihnen sage, dass es mir gut geht, desto eher erkenne ich, dass ich als Seele herumfliege. Im Hintergrund nehme ich plötzlich das Lied von Vangelis *Conquest of Paradise* wahr.

Irgendwann lasse ich los und beginne mich zu beruhigen. Ich erkenne, dass die Menschen einen komplett falschen Bezug zum Tod haben. Ich gleite einen Baum hinauf und immer höher in den Himmel. Es kommen weiße flauschige Wolken, doch meine Reise geht noch viel weiter, weiter und immer weiter. Ich schwebe in vollkommener innerer Zufriedenheit und Liebe. Das hier zu beschreiben fällt mir schwer. Ich komme an eine Stelle, von der ich intuitiv weiß, hier ist der Eingang zu einer Art Seelenhaus. Wobei das Wort Haus völlig falsch ist. Es ist wie ein Wolkengebilde, in dem man sich einfach zu Hause fühlt. Beim Eintritt in diese Seelenregion sagt mir jemand: »Du bist zu früh!« Dennoch erhalte ich kurz Einlass. Ich fühle meine Heimat, mein wahres Zuhause. Ich kenne das alles. Daher will ich nicht mehr gehen, wirble umher und fühle das Glück in vollkommener reiner Liebe. Doch da höre ich ganz weit weg eine Stimme, die immer lauter wird. In diesem Moment saugt es mich innerhalb von Millisekunden zurück in meinen Körper. Ich höre jetzt klar und deutlich, wie die Seminarleiterin uns wieder zurück ins »Hier und Jetzt« führt.

Ich kann dir noch heute jedes einzelne Detail dieser Meditation beschreiben. So stand neben meinem Sarg ein Foto von mir und eine rote Rose. Was ich nicht gesehen habe, sind die Gesichter der Menschen in der Kirche. Doch ihre Gefühle spüre ich noch immer, und das ist nun über zwanzig Jahre her.

Das Lied von Vangelis *Conquest of Paradise* ist zudem wie unbewusst an dieses Ereignis gekoppelt. Unauslöschbar, in tiefer Demut weiß ich, was nach dem Tod kommt. Ich glaube an meine gemachte Erfahrung. Sie wird heute von vielen Menschen auf der ganzen Welt sehr ähnlich beschrieben. Nein, natürlich ist das nicht wissenschaftlich anerkannt, doch wenn so viele Menschen, die sich alle nicht kennen, unabhängig das Gleiche erleben, dann ist das aus meiner Sicht auch ein Beweis.

Seelenoasen

ÜBUNG 1
Seelenoase finden

Erinnerst du dich, als du als Kind deine ganz persönlichen Oasen der Ruhe, deine Kraftorte hattest? Wo war das? Unter deiner Bettdecke? Im Bett selbst? Oder in einem geheimen kraftvollen Versteck? Du hast vielleicht wie viele Kinder mit Elfen, Feen, Engeln gespielt oder andere Wesenheiten gesehen oder gespürt. Für mich ist es noch heute wichtig, eine Rückzugsoase zu haben, um Kraft zu tanken. Solche Kraftorte finde ich auch im mentalen Bereich. Dazu habe ich eine sehr einfache Technik entwickelt, die ich dir hier gern anvertraue. An diesen Ort kann ich mich immer und zu jedem Zeitpunkt zurückziehen, Hilfe von meiner Seelenfamilie holen und Kraft tanken.

Mein Kraftort liegt am Meer, an einem herrlichen Sandstrand mit Palmen, Felsen und einem bungalowähnlichen Haus. Es gibt dort alles, was ich brauche. Meine Seelenfamilie gibt mir dort Heilung für Körper, Geist und Seele. Es gibt Heilmittel aller Art. Dort kann ich auch einen ausgesuchten inneren Coach oder meinem Geistführer begegnen und mich gedanklich austauschen. Ich kann Klienten dorthin mitnehmen und sie heilen lassen. Meiner Fantasie sind keine Grenzen gesetzt. So gibt es dort auch eine Bühne, um vor versammelter Menge Rituale durchzuführen. Es gibt ein kleines Amphitheater, um mit den Ahnen oder meiner Seelenfamilie zu sprechen und Energien zurückzugeben oder um Unterstützung anzufordern. Es gibt Spezialsitze, in denen ich alte Energien absaugen lassen kann. Rundum ist die nötige gesunde Natur, um sich mit den Elementen zu verbinden. Meine Aufzählung ist längst nicht abschließend.

Wenn wir Seelenforschung betreiben, dann gibt es hier unzählige nicht wissenschaftliche Meinungen. Wenn wir jedoch schlussendlich unsere Wahrnehmung auf den Punkt bringen, dann helfen uns innere Bilder und Gefühle. Darum können wir uns diese inneren Bilder im Geist mental selbst erschaffen, um so mit unserer Seele helfend in Verbindung zu treten. Die Antworten werden in deiner inneren Seelensprache klar beantwortet. Darum ist es wichtig, dir diese Oase zu erschaffen.

Wie sieht dein Kraftort aus? Liegt der auch am Meer, im Wald oder doch in den Bergen? Wo fühlst du dich zu Hause? Welche Stimmung gibt dir Kraft? Nimm dir heute bewusst Zeit und erschaffe dir diesen inneren Kraftort. Ich meditiere fast täglich. Mindestens einmal in der Woche gehe ich bewusst in meine Oase der Ruhe und so an meinen Kraftort, phasenweise sogar täglich. Auf meinem Desktop habe ich ein Bild, das sieht meinem Kraftort sehr ähnlich. So bin ich unbewusst immer in Kontakt.

ÜBUNG 2

Rote Tomate, das Tor zur Seelenoase

Schließe deine Augen und spüre deine Füße. Entspanne dich. Atme ruhig ein und aus. Du siehst eine große rote Tomate. Während du auf die große rote Tomate zugehst, entdeckst du eine Tür auf der Tomate. Du öffnest diese und gehst in die große rote Tomate hinein. Du schließt hinter dir die Tür und siehst dich um. Alles ist rot und groß. Du nimmst plötzlich einen orangenen Gang wahr und gehst diesen orangenen Gang entlang. Alles ist orange. Dann ändert sich die Farbe zu gelb. Alles ist gelb. Du läufst weiter und der Gang ist gelb.

Plötzlich neigt sich der Gang sanft nach unten. Du rutschst wie auf einer Rutschbahn den gelben Gang hinunter und purzelst am Ende auf eine grüne weiche Wiese. Du purzelst lustig und vergnügt weiter über die grüne Wiese hinunter und fällst in ein blaues warmes Wasser. Du bist unter dem blauen warmen Wasser und kannst da sogar unter Wasser atmen. Du schaust dich um und schwimmst einfach weiter. Das Wasser wird plötzlich violett. Du schwimmst jetzt im violetten Wasser. Dann siehst du den sandigen weiß schimmernden Boden. Der Boden kommt immer näher und schon steigst du aus dem Wasser und bist an einem herrlichen Sandstrand angekommen. (Wenn du dich für die Berge oder eine Waldlichtung entschieden hast, dann steigst du jetzt aus einem kleinen See mit einem weißen Ufer. Verändere in diesem Fall die Geschichte für deine Oase ab.)

Du blickst auf das blaue Wasser, den blauen Himmel und genießt diesen herrlichen sonnigen Ort. Auf der einen Seite stehen Palmen. Du läufst am Sandstrand entlang und siehst weiter vorn jemand stehen. Du kommst der Person immer näher. Nun siehst du, wer es ist, es ist dein Geistführer. (Manche haben lieber einen Engel, wähle, was dir am wohlsten ist.) Ihr habt euch schon lange nicht mehr gesehen und so nehmt ihr euch intensiv in den Arm. Das tut richtig gut. An diesem Ort ist der Sandstrand etwas breiter. Der Strand macht eine leichte Biegung. Ein wundervoller Platz. Dein Coach oder Geistführer nimmt dich nun mit und zeigt dir deinen Kraftort. Lass dich einfach von ihm führen.

Am Ende kommst du wieder an den Sandstrand zurück. Hier steht eine bequeme Liege. Du legst dich darauf und schaust noch einmal auf die wundervolle Landschaft und auf das Meer hinaus. Du hörst die sanften Wellen. Du fühlst die angenehme Wärme im Körper. Dein Herz ist berührt von Dankbarkeit. So schließt du die Augen und denkst noch einmal kurz an das, was du gerade erlebt hast.

Dann nimmst du einen tiefen Atemzug und bewegst langsam deine Füße und Hände und bist wieder im Hier und Jetzt. Öffne in deinem Tempo die Augen. Schreibe auf, was du gerade erlebt hast.

Du kannst ab heute jederzeit an deinen ganz privaten Kraftort kommen. Du kennst nun den Einstieg und den Ausstieg. Es liegt ganz allein an dir, diese Energie auszubauen. Namaste.

Was alles passieren kann

GESCHICHTE AUS DER PRAXIS
Kleine Wunder im Einkaufszentrum

Ich sitze gemütlich mit einem lieben Freund beim Kaffee in einem großen Einkaufszentrum. Mein Freund erzählt mir von seinem Spitalaufenthalt und dass seine Blase noch immer stark schmerze. Bei der Untersuchung musste für kurze Zeit ein Katheder gesetzt werden. Mein lieber Freund kennt mich gut und weiß von meinen Fähigkeiten. Damit er nicht immer unnötigen Stress hat und ich dazu das Leben einfach genießen kann, haben wir eine Abmachung getroffen. Ich lese oder scanne ihn ganz bewusst nicht bei unseren Begegnungen. Der Vorhang ist zu. So höre ich seine Worte mitfühlend an.

In meiner Praxis hätte ich nun mental die Blase untersucht, ob da noch etwas darin ist, was nicht hineingehört. Zum Beispiel erlebe ich es oft, dass gesetzte Katheter zwar physisch und für alle sichtbar gezogen sind, doch energetisch drinbleiben.

Ich habe dafür auch keine Erklärung, warum so etwas möglich ist. Doch Fakt ist, dass ich schon diverse Magensonden, Nasen- und Intubations-Schläuche mit Aurachirurgie energetisch entfernt habe. Dabei muss man vorsichtig vorgehen, da manchmal am anderen Ende im Körper ein aufgeblasener Luftsack oder eine Art Ballon steckt. Einfach so etwas herausziehen würde viel verletzen und der Klient hätte Schmerzen. Zuerst prüfe ich also, ob man ziehen kann, wenn nicht, dann muss am Schlauchende im Bauch die Luft abgelassen und dann vorsichtig gezogen werden. Und zwar so lange, bis der Klient wirklich nichts mehr spürt. Viele Kunden staunen sehr über das, was sie selbst spüren. Sobald der Katheter oder die Schläuche gezogen sind, können viele besser atmen, sind wacher, fühlen sich gesünder oder haben keine Schmerzen mehr.

So frage ich meinen lieben Freund: »Darf ich dich scannen?« Nach seinem Ja öffne ich in meinen Gedanken einen roten Bühnenvorhang und bin bereit zum Scannen. »Ich habe das Gefühl, in dir steckt noch der Katheter. Darf ich ihn dir herausziehen?« Nach dem erneuten Ja wechsle ich meine Gehirnfrequenz und logge mich bei ihm ein. Ich ziehe in Gedanken den Katheter heraus. Dazu braucht es keine Hände, es ist ein mentales Ziehen mit der Gewissheit, dass ich fühle, was ich mache. Das hier zu beschreiben, ist selbst für mich eine kleine Herausforderung. Aber ich weiß mit innerer Sicherheit, dass, wenn ich ziehe, ich etwas fühle. Das ist komplett anders, als wenn ich etwas zusammenfantasiere. Mein lieber Freund fühlt in der Tat danach weniger Schmerzen. Er schickt mir am Abend als »Bestätigung und Dank« eine SMS: »Lieber Bruno, vielen Dank! Es geht mir viel besser. Schön, dass es dich gibt!«

An dieser Stelle frage ich mich einfühlend und zugleich philosophisch, wo gibt es bei Menschen nach Operationen, Eingriffen oder Erlebnissen sonst noch solche »energetischen Störungen«, von denen wir bis heute nichts wissen?

GESCHICHTE AUS DER PRAXIS
Opernsängerin kann wieder singen

Eine bekannte Opernsängerin hörte von meinen Fähigkeiten und buchte einen Termin bei mir. Ihre Stimmbänder schlossen sich nicht mehr vollständig. Dadurch konnte sie die ganz hohen Töne nicht mehr singen und in wenigen Wochen begannen wichtige Opern – eine Katastrophe! Sie legte mir Fotoaufnahmen ihrer Stimmbänder vor, die das UNI-Spital gemacht hatte. Einen solchen Fall hatte ich zwar noch nie, doch wenn wir die Stimmbänder lockern und besser durchbluten könnten, dann sollte das wieder gehen. Ich machte via den gemachten Fotos mit Aurachirurgie Akupunktur auf den Stimmbändern. Dann schraubte ich mit dem Schraubenzieher die Bänder straffer.

Einige Monate später erhielt ich folgende E-Mail von ihr: »Lieber Bruno. Nachdem ich bei dir war, hat sich meine berufliche Situation wie durch ein Wunder verändert! Diese Veränderung strebte ich schon lange an, nur war ich anscheinend blockiert. Du hast auf einer Ebene gearbeitet und eine andere Ebene hat prompt geantwortet. Obwohl mein rechtes Stimmband immer noch krumm ist, gab es eine Fachänderung, weshalb ich extreme hohe Töne nicht mehr singen muss. Und doch kann ich auch so Höchstleistung vollbringen. Ich fahre nicht mehr 300 km/h im 6. Gang, sondern 120 km/h im 5. Gang. Du hast nicht nur auf der Kehle gearbeitet, sondern auch auf der Seele. Die Blockade wurde aufgelöst, zwar anders als wir gedacht haben, aber megapositiv. Der Erfolg deiner Behandlung beweist, wie das Gesetz der Resonanz funktioniert. Vielen lieben Dank!«

GESCHICHTE AUS DER PRAXIS
24-Stunden-Rennpilot im roten Bereich

Wir alle kennen jemanden, der richtig gestresst und getrieben durch das Leben rast. Für mich rennen diese Menschen oft der Seele davon und verlieren den Bodenkontakt. Die folgende Geschichte berührt mich sehr, da es sich um einen persönlichen Freund und Rednerkollegen von mir handelt.

Stuart Goodman und ich haben uns vor Jahren über den größten Rednerverband in Europa, der GSA (German Speakers Association) kennen- und schätzen gelernt. Ich war bei der GSA von 2011–2013 Präsident Chapter Schweiz. Als international bekannter Lach-Yoga-Coach hat er u. a. das Lach-Yoga in der Schweiz salonfähig gemacht. Seine seltene Fähigkeit, ganze Menschengruppen innerhalb weniger Sekunden begeistern zu können, ist einzigartig. So hatte er schon Auftritte auf meinen »Healer Confirmation Days« und stand 2016 auf der Bühne von meinem »Jenseits der Logik-Kongress«.

Stuart erzählte mir 2014 zögernd, dass er in letzter Zeit öfter plötzlich bewusstlos zusammengebrochen sei. Im Restaurant oder mitten auf der Straße. Die Ärzte und er selbst standen vor einem Rätsel.

Wenn ich Stuart so von außen betrachte, dann erinnert er mich an einen 24-Stunden-Rennpilot von Le Mans. Er brettert mit einer Durchschnittsgeschwindigkeit von 250 km/h durch das Leben und bringt andere Menschen zum Lachen. Doch wo bleibt er selbst? Als ich ihn lese, wird schnell klar: Unser Rennpilot ist im roten Bereich. Innerlich getrieben von Erfolg und Bewunderung fährt er viel zu schnell durch sein Leben. Dazu sein enormes Helfersyndrom. »Stuart, du brauchst jetzt sechs bis neun Monate Pause für einen Boxenstopp. Dein Rennauto ist komplett überhitzt und benötigt dringend Erholung. Dein Geist rennt dir davon. Du fährst viel zu schnell. Temporeduktion ist angesagt.«

Stuart war entsetzt: »Was? Sechs bis neun Tage Pause? Wie soll das gehen? Meine Agenda ist voller Termine. Tempo reduzieren? Niemals. Ich bin so.« Schon allein in dieser Aussage erkennt man den Erfolgsdrang, die Welt zu retten, statt in seiner eigenen Welt zu leben. Stuart wollte immer alle glücklich machen und zum Lachen bringen. Dabei vergaß er sich selbst.

»Stuart, Monate, nicht Tage! Monate!« Für ihn brach eine Welt zusammen. Er war in diesem Moment nicht bereit, einen neunmonatigen Boxenstopp einzulegen. »Termine streichen? Nein! Ich bin selbstständig und brauche die Aufträge!« So behielt er die Maske des erfolgreichen und gesunden Lach-Yoga-Trainers auf. Als sein Freund

und Körperbesitzer ist mir das schon klar, doch als Seelenleser wäre es wichtig gewesen, auf seinen Körper zu hören. So wunderte es uns nicht, dass weitere Zusammenbrüche den Ruf der Seele verdeutlichten.

Ein langsames und schwieriges Reduzieren des Arbeitstempos wurde endlich umgesetzt. Verzweifelt fragte er sich: »Was macht man denn den ganzen Tag, wenn man plötzlich nicht mehr viel arbeiten darf? Das Ruhigwerden kann sehr hart sein.«

Therapien und Kuren unterstützten seinen Prozess zur Entschleunigung und führten ihn zu seinem Herzen. Das alles löste in ihm einen kompletten Bewusstseinsprozess aus. Zwei lange Jahre »kämpfte« er, seinem Herzen mehr Raum für Veränderung zu geben. Schritt für Schritt fand er langsam sein eigenes Tempo, seine wahre Mitte, sein Herz und den Zugang zur Seele. Stuart: »Wissen allein nützt nichts. Man muss es wirklich machen. Du kannst dein Herz nicht belügen.«

Wenn er heute auf sein getriebenes Leben zurückblickt, dann bringt er es mit einer weisen Aussage auf den Punkt: »Du tust viel, aber du erlebst nichts! Wer auf sein Herz hört, findet den Weg.«

Der neue Stuart ist reifer und authentischer geworden. So sind auch seine beruflichen Themen mit ihm gewachsen. Mit seiner Geschichte berührt er als Gesichtsleser noch immer die Menge, doch nun auch die Herzen. Stuart: »Geholfen haben mir auf meinem Weg auch das Tarotkartenlegen und meine energetischen Steine, welche ich auch beruflich anwende in meinen Seminaren.«

GESCHICHTE AUS DER PRAXIS
Was macht die Frau auf unserer Toilette?

Es ist Mittwoch und ich warte in meiner Praxis in Winterthur auf meine 14-Uhr-Kundin. Ich weiß von meinen Kunden immer nur die Adresse und oft das Geburtsdatum. Warum sie zu mir kommen, erfahre ich in der Regel jedoch erst, wenn der Kunde bei mir ist. Manchmal lese ich einen Menschen bereits im Vorfeld. In einem ersten Schritt ist es mir aber wichtig, dass der Kunde oder die Kundin mir ihre Sicht erzählt. Ihre Realität ist die Realität.

Doch wo bleibt Frau Sommerhalder? Sie ist bereits 79 Jahre alt. Meine Termine sind genau geplant. Wenn Kunden Verspätung haben, hat das natürlich Folgen für den kommenden Kunden. 14:10 Uhr, mein Handy klingelt, meine Frau ruft an. »Du, Frau Sommerhalder steht gerade bei uns im Wohnzimmer.« Ich: »Okay, ja, da gehört sie nicht hin. Warum ist sie denn bei uns zu Hause?«

»Sie hat dem Taxifahrer die Anmeldebestätigung in die Hand gedrückt. Dieser hat nicht genau gelesen und so kam sie Punkt 14 Uhr ohne zu klingeln in unser Haus. Auf direktem Weg und ohne ein Wort ging sie auf die Toilette. Nach dem Toilettenbesuch stand sie in unserer Küche und fragte unsere Tochter, wo ich denn sei.« Wir mussten lachen. Frau Sommerhalder war es furchtbar peinlich, als ihr bewusst wurde, wo sie gelandet war.

Wie durch ein Wunder und als wäre alles so geplant gewesen, sagte mir meine Frau, dass sie meine Kundin mit dem Auto zu mir nach Winterthur bringe. Warum auch immer, ich hatte für Frau Sommerhalder zwei Stunden reserviert. So hatten wir trotz kleinem privaten Abenteuer genug Zeit für ihren Rücken.

GESCHICHTE AUS DER PRAXIS
Herzschlag bei 250 pro Minute

Die folgende Erzählung ist keine echte Geschichte aus der Praxis, sondern mehr ein Lesen bei einem Anlass. Neulich saß ich mit ein paar Unternehmern zusammen. Ein 60-jähriger Geschäftsführer mit knapp 100 Angestellten erzählt von seinem letzten Arztbesuch. Sein Herz wurde routinemäßig untersucht. Puls 80. Alles normal. Doch wie aus dem Nichts heraus erhöhte sich der Puls für sehr kurze Zeit auf 250. Dem Geschäftsführer war das auch schon aufgefallen und so trug er für einen Tag ein Pulsmessgerät. Der Arzt konnte ihn beruhigen. Es gäbe dafür Medikamente, dazu komme das in seinem Alter oft vor. Er müsse sich wirklich keine Sorgen machen, man könne die auslösende Stelle im Herzen sogar sehr einfach veröden. Während er das unserer Runde erzählt, blicke ich in die Energie seiner unbewussten Gedanken und lasse mir den Grund dafür zeigen. Ich sehe in seinen beruflichen Gedanken einen Mann, der sich nicht entscheiden kann. Mal rennt er nach links, dann wieder nach rechts, dann wieder links, dann wieder rechts. Er ist sehr unruhig und fühlt sich innerlich zerrissen. Er hat Angst vor falschen Entscheidungen. Ich blicke dem Unternehmer und CEO ins

Gesicht. Wenn man ihn so ansieht und er mit seiner tiefen und sympathischen Stimme spricht, passt das überhaupt nicht zu ihm. Er wirkt souverän, selbstbewusst und stark.

Was hättest du gemacht an meiner Stelle?

Hier geht es um etwas sehr Persönliches, bloßstellen geht gar nicht! Auch hätte er mir niemals vor versammelter Menge zugestimmt, dass er dieses zerrissene Entscheidungsgefühl hat. Mit großer Sicherheit wäre er sich dessen nicht einmal bewusst gewesen, sonst hätte er ja etwas dagegen unternommen. Jeder Mensch ist anders unterwegs. Viele Menschen halten mein Seelenlesen auch für Schabernack. Sie glauben lieber einem studierten Arzt, der genau weiß, wie man das Problem lösen kann. Doch kann der Arzt das in diesem Fall wirklich? Medikamente lösen das Problem nicht. Dennoch ist es möglich, dass ein Medikament ihn ruhiger macht. Die Nebenwirkungen sind der Preis dafür. Dank der Medikamente nimmt er die Entscheidungen gelassener, was wiederum gut für ihn wäre. Auch eine Verödung im Herzen, damit seine innere Zerrissenheit keine Auswirkungen mehr auf den Puls hat, würde das Herz »lähmen«. Grundsätzlich ist die heutige Medizin wirklich zu bewundern. Was da alles möglich ist, ich ziehe meinen Hut! Trotzdem ist auch bei dieser Variante das Problem nicht endgültig gelöst. Seine innere Zerrissenheit mit dem angstvollen Gefühl würde bleiben.

Aus der Adlerperspektive betrachtet, wäre es nun möglich, dass sich durch den Eingriff der Verödung der Kunde verändert. Es macht eine Erfahrung mit ihm. Vielleicht verlagert es auch nur das Problem und woanders wird etwas bemerkbar. Wie ein volles Wasserfass, das überläuft. Logisch braucht es in der Regel nun etwas Zeit, vielleicht übergibt der CEO auch plötzlich seinen Job und geht frühzeitig in Pension.

Was jedoch wäre die richtige Lösung für diesen Mann? Ich blicke erneut in seine Seele und frage mental nach. Ich sehe einen Mann, der sich mit der rechten Hand an sein Herz fasst. Er nimmt sich Zeit und geht in sich. Er spricht mit sich und fragt nach dem Grund. Er erkennt, dass er auf sein Herz hören muss, löst seine negativen Glaubenssätze auf, lernt Entscheidungshilfen aktiv im Business einzusetzen und vertraut seinem Herzen. Ist das wirklich so einfach? In der Regel schon. Viele Menschen sind jedoch mit 200 km/h unterwegs und hören die innere Stimme im Herzen nicht mehr. Dafür braucht es Ruhe und eine bewusste Entschleunigung. Das wiederum benötigt Mut und Zeit.

Jeder Mensch muss lernen, das eigene Klingeln der Seele zu erkennen, ernst zu nehmen und zu verstehen. In unserem Fall würde der Unternehmer seine ganz persönliche Lösung für seine innere Zerrissenheit finden. Wenn man diese weise Herz-Seelen-Sprache übersetzt und versteht, dann ergibt das alles Sinn. Einen Versuch wäre es zumindest wert. Dass diese Sprache bei jedem Menschen anders ist, versteht sich von selbst.

Und wie ist die Geschichte in diesem Fall ausgegangen? Obwohl ich manchmal andere Menschen lese, gibt es für mich keinen Grund, aktiv zu werden. Ich kann unmöglich die ganze Welt retten. Ich kann jedoch dafür sorgen, dass der Unternehmer weiß, wie ich arbeite. Er ist Herr über seine Seele und kann selbst entscheiden, was er machen will.

Das Geheimnis deiner Gehirnfrequenzen

Viele meiner Kunden sind ausgepowert, kraftlos, orientierungslos, blockiert, krank, gestresst usw. Alle diese Menschen sind entweder zu schnell im Leben unterwegs, nicht auf dem Seelenweg oder sie sind zu sehr im Verstand statt mit dem Herzen unterwegs. Alle diese Menschen sind ebenfalls zu sehr in der linken logischen Gehirnhälfte unterwegs.

Eine verzweifelte Frau, die in einem großen Einkaufszentrum ihr kleines Kind verloren hat, findet ihr Kind nicht, wenn sie verstört, hysterisch und voller Emotionen im Einkaufszentrum herumirrt. Wenn sie jedoch ruhig wird, vertraut und auf ihr Herz fühlt, dann steigt die Chance um ein 100-Faches, um an ihren Urinstinkt zu gelangen.

Durch das Ruhigwerden gelangen wir in die rechte unlogische Gehirnhälfte. Der Zugang zur Intuition, dem Herzen und zu unserer Seele wird aktiviert. Aus der Gehirnforschung weiß man, dass sich bei meditierenden Menschen die Gehirnfrequenz stark reduziert. Ganz nach dem Motto: In der Ruhe liegt die Kraft.

Daher stimmt auch folgender Satz: »Probleme werden nie auf dem gleichen Weg gelöst, wie sie entstanden sind.«

Das Geheimnis der Gehirnfrequenzen haben viele Menschen vergessen. Wir durchlaufen die Wechsel der Frequenzen eher zufällig und unbewusst. Die Ablenkungen im Außen prasseln auf unser Leben ein und wir lassen uns verführen. Um dir den hohen Nutzen sehr einfach zu verdeutlichen, spreche ich auch gern vom inneren Bergsee, den wir alle in uns haben.

Wenn du in der Ruhe bist, dann ist dein innerer Bergsee ruhig und friedlich. Die Sonne lacht. Die Wasseroberfläche ist glatt und du siehst durch das kristallklare Wasser auf den Grund. Hier siehst du alle Lösungen und Antworten auf deine Fragen.

Wenn du jedoch voller Emotionen in deinem Leben bist, dann ist auch dein innerer Bergsee unruhig und stürmisch. Aus den dunklen Wolken regnen große Tropfen. Es windet und stürmt. Deinen Bergsee erkennt man nicht wieder. Die Wasseroberfläche ist sehr aufgewühlt, das Wasser ist trübe und der Blick auf den Seegrund unmöglich.

Jeden Morgen und jeden Abend ist dein innerer Bergsee während kurzer Zeit ganz ruhig und wunderschön. Für wenige Momente kannst du auf den Bergseegrund sehen. Wie ein kurzes Geschenk kannst du diesen Moment erleben, wenn du erwachst. Kurz vor dem Einschlafen ist der zweite Moment. Da du dir jedoch dessen nicht bewusst bist und deine Gedanken dich an das Gestern oder an das Morgen verführen, verpasst du auch diese Chance.

Bereits mit dem Lesen dieser Zeilen kannst du dir darüber klar werden und ihn erkennen. Du kannst dir tagsüber diese Situation jederzeit bewusst machen, wenn du weißt, wie das geht.

Wie erreichst du einen ruhigen Bergsee?

Im Grunde ist es wie immer sehr einfach. Du musst lediglich deine Gehirnwellen reduzieren. Im ersten Schritt wird so das Wetter besser, dann wird der See ruhiger und nach ein paar Minuten kannst du auf den Bergseegrund spähen.

Dazu benötigst du drei wichtige Orientierungshilfen:

1. Welche Gehirnfrequenzwellen gibt es?
2. In welcher Gehirnfrequenz kann ich am besten lesen?
3. Wie gelingt es dir, die Gehirnfrequenzwellen leicht zu steuern?

Es gleicht der Frage: Wie kommst du von deinem Wohnort ans nächste Meer? Welche Fortbewegungsmittel gibt es? Rakete? Flugzeug? Schiff? Auto? Spaziergang? Mit welchem Fortbewegungsmittel geht es am besten? Wie gelingt es dir, das Fortbewegungsmittel zu steuern?

Welche Gehirnfrequenz-Wellen gibt es?

Erwachsene durchlaufen täglich das ganze Gehirnwellen-Spektrum. Diese fünf Grundstufen der Gehirnwellen bzw.

der Elektroenzephalografie(EEG)-Frequenzbänder musst du kennen:

1. Gamma (schnell wie ein Gepard)
2. Beta
3. Alpha
4. Theta
5. Delta

Wann bist du in welchem Modus?

1. Gamma-Wellen:
38–70 Hertz/Sekunde: Das heißt, in einer Sekunde produziert dein Gehirn 38–70 Hertz-Wellen.

Innerhalb dieser Frequenz bist du mit hohem Informationsfluss von außen in einer anspruchsvollen Tätigkeit unterwegs. Eben schnell wie ein Gepard. Dein innerer Bergsee ist sehr unruhig.

2. Beta-Wellen:
13–38 Hertz/Sekunde: Das heißt, in einer Sekunde produziert dein Gehirn 13–38 Hertz-Wellen.

Innerhalb dieser Frequenz bist du im normalen Wachzustand und aktiver Konzentration. Je höher, desto unruhiger. Ab 21–38 Hertz hast du schon Stress, Angst oder Hektik.

3. Alpha-Wellen:
8–13 Hertz/Sekunde: Das heißt, in einer Sekunde produziert dein Gehirn 8–13 Hertz-Wellen.

Alpha-Wellen sind die Gehirnwellen, die man am leichtesten (willentlich) produzieren kann. Man braucht nur die Augen zu schließen und schon wird das Gehirn beginnen, Alpha-Wellen auszusenden. Auch beim Fernsehen kann das Gehirn sehr leicht Alpha-Wellen produzieren. Wenn du Alpha-Wellen hast, arbeitet dein Gehirn integriert, das heißt, du bist wach und bewusst, du kannst jedoch gleichzeitig dein Unterbewusstsein anzapfen. Meditations- oder Visualisierungsübungen gelingen gut.

Es geht hier um leichtes Entspannen, um innerlich ruhig werden. Es ist der Übergang zum oder vom Schlaf. In dieser Frequenz kannst du das »Gesetz der Resonanz« beeinflussen, das heißt, dir selbst gute Affirmationen suggerieren. Im Alpha-Zustand werden Botenstoffe freigesetzt, die für das Empfinden von Glück und Freude notwendig sind (zum Beispiel Serotonin). Wenn du die Augen öffnest, gelangst du wieder in den Beta-Wellen-Zustand.

4. Theta-Wellen:
4–8 Hertz/Sekunde: Das heißt, in einer Sekunde produziert dein Gehirn 4–8 Hertz-Wellen.

Du bist in einem Wachtraumzustand, einer Art schläfriges, hypnotisches Bewusstsein, und hast den optimalen Zugang zu unbewussten Gedanken und spontanen Lösungen für deine Probleme. Gute Meditationen finden hier statt und eine tiefe Entspannung. In dem Zustand lese ich Gedanken, sehe Blockaden und praktiziere einfache mentale Aurachirurgie.

5. Delta-Wellen:
0,5–4 Hertz/Sekunde: Das heißt, in einer Sekunde produziert dein Gehirn 0,5–4 Hertz-Wellen.

Im Delta-Wellen-Zustand bist du im Tiefschlaf oder in Trance. Der Delta-Bereich fungiert gleichzeitig auch als sechster Sinn. Delta-Wellen teilen uns Dinge mit, die wir uns rational nicht erklären können, bei denen wir aber trotzdem das Gefühl haben, dass sie wahr sind. Eine Person, deren Gehirn sehr viel Delta-Wellen produziert, kann sich sehr leicht in andere Menschen hineinfühlen. Ich lese in dem Zustand die Seelen und praktiziere mentale Aurachirurgie-Operationen in Verbindung zum Bewusstsein. Alle Angaben sind ohne Gewähr.

In welcher Gehirnfrequenz kann ich meinen Bergseegrund am besten lesen?

Wenn ich einen Körper scanne, eine Seele lese, Gedanken lese oder mentale Aurachirurgie praktiziere, dann wechsle ich bewusst die Gehirnfrequenzen in die Alpha-, Theta- oder Delta-Wellen. Das heißt, in der Gamma- und Beta-Welle kann ich nicht lesen. Ich muss innerlich per Knopfdruck ruhig werden. Dass dies etwas Übung braucht, versteht sich von selbst. Wenn ich über mehrere Tage täglich die Gehirnfrequenz schnell hin und her wechseln muss, dann benötige ich mental Erholung. Meine Arbeit gleicht einem Marathonläufer, der nach einem Marathon den Körper ebenfalls erholen und etwas schonen muss.

Die Antworten auf unsere Probleme erhalten wir, wenn unsere Gedanken ruhiger werden. In verschiedenen Kulturen wird dann von der Öffnung des dritten Auges gesprochen. Deine physischen Augen blicken nicht mehr bewusst, es gleicht dem Sehen mit der Stirn.

Die Gehirnwellen sind gekoppelt an unser Denken und Fühlen. Äußerliche Impulse haben somit einen starken Einfluss auf unser Herz und auf das Gehirn. Wenn ich einen Psychothriller sehe, dann schlägt mein Herz mit Garantie schneller als bei einem kuscheligen Liebesfilm. Die Gehirnwellen kannst du reduzieren, indem du dich an einen ruhigen Ort begibst, die Augen schließt und dich auf deinen Atem konzentrierst. Mir persönlich hilft es sehr, wenn ich dabei Entspannungsmusik oder Klangschalen höre. Aus diesem Grund läuft in meiner Praxis immer »gehirngerechte« Musik.

Es gibt auf YouTube viele kostenlose Videos, die das Öffnen des dritten Auges sehr unterstützen. Suche einfach nach Theta Waves oder Theta-Wellen.

Wenn ich auf meiner Stirn einen sanften Druck spüre, dann weiß ich, jetzt öffnet sich mein inneres Auge und ich kann mit dem Lesen beginnen. Das kann ich mir natürlich auch einfach mit der Vorstellung erzeugen. Zum Beispiel kann ich mir vorstellen, dass auf meiner Stirn sich jetzt eine Blume öffnet. Diese Vorstellung reicht, damit sich das dritte Auge, dein Stirnchakra, öffnet. Lege zusätzlich deine Zunge an den Gaumen und blicke mit geschlossenen Augen nach oben. Dein Gehirn erzeugt nun keine Gedanken, sondern es vermittelt und empfängt Gedanken.

ÜBUNG 3
Fühle den Unterschied

Nimm einen kleinen Stein in die Hand. Schließe nun die Augen und entspanne deinen Geist. Fühle den Stein. Was sagt er dir? Je nach Frequenz ist es möglich, dass du Folgendes empfängst: »Ich bin. Ich bin einfach da.«

Pflücke nun einen Grashalm. Fühle auch diesmal. Was empfängst du? Eine mögliche Antwort könnte sein: »Ich will wachsen, ich will mich strecken.«

Sich in Seelenfrequenzen einzustimmen, ist etwas Wunderschönes.

ÜBUNG 4
Finde den Lebenssinn

Lege dir Entspannungsmusik auf, die der Theta-Welle entspricht. Entspanne dich. Höre dabei nur dem Klang zu und frage dich: Worin besteht der Sinn meines Lebens?

Empfange und schreibe deine Inspiration jetzt auf.

Das sagt die Gehirnforschung

Gehirnströme auswerten kann medizinisch genutzt werden. Am Institut für »Semantische Daten-Analysen« der Technischen Universität Graz wurde eine Technik entwickelt, mit der man allein durch die Kraft der Gedanken

Computer und Prothesen steuern kann. Prof. Dr. Gernot Müller-Putz ist Informatiker der UNI Graz, in seinem Labor demonstriert er auf eindrückliche Weise, wie er zwei Menschen technisch verbindet. Der eine Proband denkt lediglich an die Handbewegung. Das löst ein Steuersignal aus, das beim anderen Probanden die Hand fernsteuert. Auf diese Weise kann ein Gelähmter einen Computer oder andere technische Geräte benutzen. Die Mausbewegung kann so zum Beispiel allein über die Gedanken bewegt werden.

Kann man aus wissenschaftlicher Sicht schon bald via Gehirnströmen Gedanken lesen? Prof. Dr. Gernot Müller-Putz verneint: »Die Varianten der Gedanken bei einem Menschen müssten zuerst gelernt werden und sind dazu bei jedem Menschen unterschiedlich.«

Aus meiner Sicht kann grundsätzlich jeder Mensch seine Gabe der Natur aktivieren. Weiter sehe ich das Gehirn nicht als ein abschließendes Objekt. Ich sehe es mehr als eine Verbindung in eine nicht sichtbare Welt.

Das Institut für Kommunikation und Gehirnforschung in Stuttgart nutzt das Messverfahren EEG-spektralanalytisch. Günter Haffelder sagt dazu, er könne damit die Persönlichkeit und die psychischen Blockaden eines Menschen sehr präzise erfassen. Sein Ziel ist es, Lernstörungen abzubauen. Musik steht bei ihm im Zentrum dieser Therapie. Es harmonisiert die Gehirnaktivität und das persönliche Wohlbefinden. Aus meiner Sicht verbindet er Verstand, Geist, Herz und Seele.

Mehr Infos unter: http://www.gehirnforschung.com/allgemein.html [12.5.17]

Weitere Frequenzen

Nicht alltägliche Frequenzen und Wellen können wir für den Zugang zur Seele nutzen. Wenn unser Gehirn diese Wellen empfängt, können wir uns mit dieser Frequenz synchronisieren. Alles ist Energie. So hat auch unser Sehbereich eine begrenzte Frequenz. Das für den Menschen sichtbare Spektrum ist sehr klein. Licht ist der für das menschliche Auge sichtbare Teil der elektromagnetischen Strahlung. Im elektromagnetischen Spektrum umfasst der Bereich des Lichts Wellenlängen von etwa 380 nm bis 780 nm. Das entspricht Frequenzen von etwa 789 THz bis 384 THz. Eine genaue Grenze lässt sich nicht angeben, da die Empfindlichkeit des Auges an den Wahrnehmungsgrenzen nicht abrupt, sondern allmählich abnimmt. Die an das sichtbare Licht angrenzenden Bereiche der Infrarot- (Wellenlängen zwischen 780 nm und 1 nm) und Ultraviolettstrahlung (Wellenlängen zwischen 10 nm und 380 nm) werden häufig ebenfalls als Licht bezeichnet. So hat zum Beispiel jede Farbe eine bestimmte Wellenlänge und Wellenfrequenz. Seelen leben in anderen Frequenzen. Doch nur weil es viele nicht sehen, heißt es nicht, dass sie nicht da sind, du kannst deine Seele spüren.

Auch das Hören ist für uns Menschen begrenzt. Die tiefsten vom Menschen hörbaren Frequenzen liegen bei etwa 16 Hz bis 21 Hz. Die höchsten hörbaren Frequenzen liegen bei etwa 16 000 Hz bis 19 000 Hz. Auch hier wissen wir, dass Tiere noch in anderen Frequenzen hören. Das

Gleiche gilt für das Fühlen und Spüren und die restlichen Sinne.

So gibt es mit Sicherheit in anderen Frequenzen Welten, von denen wir bis heute keine Ahnung haben.

GESCHICHTE AUS DER PRAXIS
Nichts geschieht zufällig

Susanne, 49 Jahre, steht neben ihrem stehenden Fahrrad. Unglücklicherweise verliert sie das Gleichgewicht und fällt über das Fahrrad auf den Boden. Dabei prellt und quetscht sie sich stark eine Rippe. Schon als sie wieder aufsteht, spürt sie einen starken Druck in der Rippe, als wäre etwas gezerrt oder gerissen. Bei jedem Atemzug spürt sie starke Schmerzen. Zum Arzt will sie nicht. Automatisch muss sie ihr Tempo reduzieren. Der Zufall will es, dass sie eine Woche nach dem Ereignis einen Termin bei mir hat. Als sie zu mir kommt, frage ich sie: »Warum ist dir das passiert?«

Susanne: »Warum? Na, weil ich nicht gut aufgepasst habe und über das Fahrrad fiel.«

Ich: »Nein, so meine ich das nicht. Nichts geschieht zufällig!«

Susanne hat keine Antwort auf die Frage nach dem »Warum«.

Ich lese ihre Seele und die Energien zwischen der Seele und dem Kopf. Das sind ihre unbewussten Gedanken. So sehe ich einen sanften Druck im privaten Bereich und auch in der Gesundheit. Ich lese ihre Energie weiter und frage mental, also nur in Gedanken, nach dem Grund für die Quetschung. Ich sehe eine mir bekannte »Star-Wars-Szene«: Es wird auf sie mit dem Laser geschossen und sie muss jeden Schuss mit einem Laserschwert abwehren. Eine spannende und eindeutige Metapher für mich.

Ich: »Wer macht dir Druck? Wer verletzt dich?« Ich schaue ihr fragend in die Augen.

Plötzlich werden ihre Augen feucht. Eine Träne kullert über ihre Wange. Es werden immer mehr und sie weint sehr. »Entschuldige«, hastig sucht sie ein Taschentuch in ihrer Tasche. »Es ist nicht immer einfach für mich. Mein Mann kann so fordernd sein. Es fällt mir nicht immer leicht, mich gegen seine Argumente zu wehren. Er verlangt dies und jenes.«

Ich kann sie gut verstehen und höre ihr einfach nur zu, bis sie nichts mehr sagt. Ich: »Du kannst dich kaum bewegen. Deine Rippe benötigt jetzt Ruhe. Daher denke ich, es wird dir nicht leichtfallen, dich von ihm bedienen zu lassen. Doch das wäre für euch beide eine Chance. Er kann erkennen, was er an dir hat, und du musst wohl lernen, dich etwas mehr abzugrenzen.«

Ich schließe meine Augen und beginne, mit mentaler Aurachirurgie ihre Rippenquetschung zu behandeln. Zuerst den Knochen, dann das Gewebe. Dabei sehe ich, dass eine Vene gequetscht ist. Ich korrigiere das ebenfalls mit mentaler Aurachirurgie. Das Ganze dauert keine zwei Minuten. Da sie noch immer leichte Schmerzen hat, wiederholen wir es noch mal. Die Schmerzen sind fast weg. Es bleibt ein Hauch bestehen und je nach Bewegung etwas mehr. Doch so oft ich es wiederhole, die Schmerzen gehen nicht vollständig weg. Das erlebe ich immer wieder. Zu Beginn suchte ich den Grund bei mir. Heute weiß ich, der Unfall hatte ein Motiv.

Ich: »Deine Seele will dir hier klar etwas sagen. Wenn du den Grund erkennst und dich mehr abgrenzen kannst, mehr zu dir und deiner Meinung stehst, dann geht das sehr schnell weg.« Ich stärke dazu noch ihr Chakra 3, das ist u. a. für das Selbstvertrauen zuständig.

Bei unserem zweiten Termin erzählt mir Susanne voll Freude, wie mutig sie ihrem Mann begegnet ist und ihm ihre Gefühle mitteilen konnte. Sie waren gerade mit dem Bus unterwegs, als er ihr wieder einmal einen Vorwurf machte, weil sie ihren Standpunkt erklären wollte. Wie gewohnt würgte er sie mit den Worten ab: »Darüber müssen wir jetzt nicht sprechen!« Susanne erzählte, wie es plötzlich in ihr tief Luft geholt habe und sie ihm im identisch lauten Ton sagte: »Doch, darüber reden wir jetzt. Mir ist das wichtig! Ich bin der Meinung, dass wir jetzt hier aussteigen und am See in einem Restaurant in aller Ruhe miteinander reden. Das sollte es unsere Ehe nach 25 Jahren wert sein.« Und dann haben sie sich lange ausgesprochen. Es sei einfach herrlich gewesen. Seither liebt sie ihren Mann noch viel mehr.

Susanne ist nicht wiederzuerkennen. Sie ist deutlich selbstbewusster als beim ersten Termin. »Und wie geht es deiner Rippe?«

»Viel besser! Es ist unglaublich, ich danke dir aus tiefstem Herzen.« Sie spürt, wenn die Situation mit ihrem

Mann zu kippen droht. Sie lernt, mehr auf sich zu hören und früh genug ihre Meinung zu sagen. Ihre private Energie ist wieder kräftig und ihre Seele, und somit sie, glücklich und gesund.

Nichts geschieht zufällig. Die Kunst ist es, dass wir das richtig erkennen. Wir ziehen Situationen in unser Leben und können daran wachsen. Frage dich: »Was kann ich daraus lernen?«

Das Herz ist das Tor zur Seele

Verstand kontra Herz – Wissenschaftliche Sicht

Wenn ich meine vielen Energie-Coachings analysiere, dann leben viele Menschen zu sehr kopfgesteuert. Die Signale der Seele werden schlicht überhört. Erst wenn der Körper zwickt, spüren wir die Seele. Warum sind wir bloß so kopfgesteuert? Grundsätzlich ist das ja kein Wunder, die obligatorische Schulzeit in der Schweiz dauert in den meisten Kantonen elf Jahre. In Deutschland und Österreich meistens neun Jahre. In dieser Zeit fokussieren wir uns intensiv auf den linken logischen Gehirnteil. Die rechte kreative Gehirnhälfte bzw. das Gefühlvolle, Empathische, Intuitive wird kaum gefördert und liegt komplett brach.

Wenn du also herausfinden willst, was dein Seelenauftrag ist, dann musst du die Sprache des Herzens lernen und verstehen.

An meinem jährlichen »Healer Confirmation Day« lade ich immer wieder Gast-Experten ein. Schon zweimal war der Emotionsmanager und HeartMath® Schweiz Experte Yves Nater dabei und demonstrierte das wissenschaftlich wirksame Stressreduktions-Programm von HeartMath®.

Das HeartMath® Institut in Amerika berichtet, dass Kardiologen und Psychologen erst seit etwa 20 Jahren erfolgreich enger zusammenarbeiten. Bis dahin wusste man zwar, dass das Hirn und das Herz sich gegenseitig beeinflussen. Doch wusstest du auch, das emotionaler Stress das Herzinfarktrisiko stärker erhöht als das Rauchen? Oder dass eine Depression nach einem Herzinfarkt die größte Todeswahrscheinlichkeit ist, also mehr als alle anderen bekannten Faktoren?

Erst seit die Wissenschaftler aus den verschiedenen Bereichen ihre Köpfe zusammenstecken, ist klar, was meine Mutter mir schon als Kind erzählte: Es ist wichtig, das Gleichgewicht zwischen Herz und Gehirn herzustellen, da das Herz unser Gehirn ununterbrochen beeinflusst. Viel mehr noch: Das Herz hat ein eigenes kleines Gehirn.

So ist seit Kurzem erst bekannt: Das Herz hat – ebenso wie der Darm – ein eigenes Netzwerk aus etwa 40 000 Neuronen, eine Art eigenes kleines Gehirn. Dieses Herz-Gehirn kann unabhängig vom Kopf eigenständig wahrnehmen, die Funktion des Herzens regulieren, je nachdem, was es wahrnimmt, und sich entsprechend von Erfahrungen verändern, also erinnern und lernen. Es kann Veränderungen schneller spüren als das Kopf-Gehirn, also die Zukunft intuitiv »vorhersehen«, und dazu das Kopf-Gehirn und den gesamten Organismus beeinflussen.

Es ist eine Tatsache, dass demnach jeder Mensch ein Hellseher ist. Das hat das HeartMath® Institut in Amerika in diversen Experimenten bewiesen. Unser Herz sieht ca. 4–8 Sekunden vor dem Gehirn voraus, ob eine gute oder schlechte Emotion kommt. Es warnt uns intuitiv oder schiebt uns positiv voran. Ich spüre dazu sehr viel über das Herzchakra. Wenn ein lieber Mensch, egal wo auf der Welt, in Not ist, dann fühle ich das in meinem Herzchakra. Es gleicht einem Ziehen in meiner Brust. Wer also auf sein Herz hört, ist dem Seelenweg um Welten näher.

Die Forscher haben weiterhin herausgefunden: Das elektromagnetische Feld des Herzens ist das größte des menschlichen Körpers und kann über mehrere Meter Entfernung gemessen werden. Wenn wir das richtig verstehen, dann sprechen wir hier von der Aura. Es kann nicht nur den eigenen Körper, sondern auch die Gehirnwellen von Mitmenschen in unserer Nähe beeinflussen und sich mit ihnen synchronisieren.

Das Gehirn mit seinem Verstand und dem Ego ist für mich wie der Geschäftsführer eines Menschen. Das Herz jedoch ist der wahre Inhaber und hat den Zugang zur Seele. Das Herz ist der König oder die Kaiserin. Das Gehirn ist lediglich das Personal. Obwohl wir die Kommunikation zwischen Geschäftsführer und Inhaber nirgends gelernt haben, sollte dieses im Gleichgewicht bleiben. Gerät das Herz zum Beispiel wegen Kummer, Angst, Stress oder Anspannung aus den Fugen, macht es das emotionale Gehirn auch. Wenn wir lernen, wie wir es ins Gleichgewicht bringen können, tun wir unseren Gedanken, Gefühlen, dem ganzen Organismus und somit uns selbst einen großen

Gefallen. Unsere Belohnung ist die Zufriedenheit, das Glück, die Liebe, die Gesundheit und das Gefühl, angekommen zu sein.

Das Herz schlägt zudem schneller, wenn wir angespannt sind, oder langsamer, wenn wir entspannt sind. Bleibt es lange entspannt, beruhigt sich das Gehirn und unser innerer Bergsee ebenfalls. Wenn ein Herz immer wieder Stress erlebt, muss es wieder schneller schlagen. Da wir es nicht bewusst abbremsen, entsteht ein Herz-Chaos und es wird mit der Zeit emotional dünnhäutig. Ein ständiges Auf und Ab wie auf der Achterbahn verringert die Belastbarkeit deutlich. Gönnt man dem Herzen jedoch seinen eigenen Rhythmus, ist es auch emotional stark. Das gesunde Herz kann schnell auch auf kleine Gefühlsschwankungen reagieren. Das kranke Herz jedoch immer weniger, wodurch Bluthochdruck, Diabetes, Krebs und Herzinfarkte möglich werden.

Studienergebnisse zeigen, wenn Herz und Gehirn im Gleichgewicht sind, dann:

- atmen wir ruhiger,
- haben wir einen niedrigeren Blutdruck,
- verbrauchen wir weniger Energie,
- altern wir langsamer,
- haben wir eine bessere Immunabwehr und sind dadurch deutlich seltener erkältet,
- sind wir weniger verspannt,
- sind wir weniger müde und gestresst und weniger anfällig für Ängste und Depressionen,

- kommen wir emotional besser mit den Anforderungen des Lebens zurecht und
- erleben mehr die bekannten Flow-Zustände.

Das Herz ist das Tor zur Seele. Schon fünf Minuten bewusstes Fühlen einer angenehmen Emotion wie Wertschätzung wirken sich positiv auf unser Immunsystem aus. Positive Emotionen verstärken unseren Herzrhythmus. Das hat das HeartMath® Institut in einer Studie ermittelt, die bereits 1995 im *Journal of Advancement in Medicine* veröffentlicht wurde. Nach der nächsten Geschichte aus der Praxis habe ich eine sehr einfache und wertvolle Übung für dich dazu.

GESCHICHTE AUS DER PRAXIS
Schluckbeschwerden gehen nicht weg

Ernst und Heidi kommen für einen Doppeltermin zu mir in die Praxis nach Winterthur. Ernst hat sich gut vorbereitet und zeigt mir eine Liste, die wir abarbeiten sollen. Probleme mit der Prostata, beide Knie schmerzen, Karpaltunnel an den Händen, ein Frosch im Hals und einiges mehr. Ich scanne Ernst und betrachte dazu seine Energie. Ich stelle fest, dass diese beruflich leicht gedrückt ist. So frage ich nach dem Vorgespräch: »Wie läuft es bei dir beruflich?«

»Es geht mir gut. Ich liebe meinen Job.«
»Was machst du denn?«

»Ich bin für diverse Neubauten und Projekte in unserer Baufirma verantwortlich.«

»Ist es möglich, dass du etwas viel Arbeit hast?«

»Viel Arbeit bin ich gewohnt, es läuft immer sehr viel.«

»Hast du Stress?«

»Nein, das würde ich nicht sagen. Ich bin es gewohnt, viel zu arbeiten.«

»Dennoch scheint es aus meiner Sicht wichtig, dass du genug Ausgleich hast.« Wir belassen es dabei und arbeiten seine Liste ab. Wir vereinbaren für beide einen weiteren Termin in fünf Wochen. Das ist oft sinnvoll, damit man sehen kann, was sich wie bereits verbessert hat und wo es noch etwas Unterstützung für die Gesundheit benötigt.

Mit der Aurachirurgie oder der mentalen Aurachirurgie und anderen guten Tricks weiß ich, dass ich solche Störungen grundsätzlich schnell korrigieren kann. Doch bei Ernst quakt der Frosch im Hals auch noch beim zweiten Termin. Seine Schluckbeschwerden sind unverändert. Ernst: »Als hätte ich einen Kleiderbügel im Hals, sehr unangenehm. Warum geht das nicht weg?«

Ich blicke in seine Seele und frage in Gedanken: »Was belastet dich?« Es zieht mich dabei wieder in die berufliche Energie. Noch immer ist diese Energie leicht gedrückt. Für mich ist klar, er hat beruflich mehr Stress, als er mir sagt oder als er sich bewusst ist. Der Körper lügt nie! Doch warum? In Gedanken frage ich weiter nach dem Grund für seine Schluckbeschwerden. Ich lasse mir ein Metapherbild zeigen und sehe dabei einen fleißigen Mann, der die Arbeit sehr schnell ausführt und stark schwitzt. Das Gefühl für diesen Mann: Er ist nicht glücklich. Er muss Dinge tun, hinter denen er nicht steht, sie jedoch trotzdem loyal ausführt, da es für die Firma wichtig ist.

Ich: »Wie ist dein Verhältnis zu deinem Chef?«

»Gut. Er fordert manchmal etwas viel und hat seine eigenen Vorstellungen.« Nun mischt sich seine Frau ein: »Ja, du musst oft Dinge tun, hinter denen du nicht stehen kannst.«

Ernst schaut seine Frau ernst an: »Ja, ich kenne halt viele Unternehmerkollegen und mit denen will ich es nicht verspielen.«

Ich: »Dann stehst du manchmal vor der Aufgabe, die Balance zwischen deinem Chef, der Firma und den Unternehmerkollegen zu halten?«

»Exakt! Viele Unternehmerkollegen kenne ich schon sehr lange aus früheren Zeiten. Ich muss die manchmal mit Samthandschuhen anfassen. Unser Chef jedoch hat dieses Feingefühl nicht. Er ist eher der Elefant im Porzellanladen, wo ich dann wieder aufräumen und schlichten muss.«

Ich: »Und diese Situation ist dir manchmal zum ... Verzeih mir das direkte Wort – zum Kotzen?«

Ernst: »Ja. Ja genau, das trifft zu.«

Ich: »Wundert es dich nun, dass dein Hals zwickt, dein Frosch quakt und wir das nicht verbessern können? Ich habe das Gefühl, dass dir hier deine Seele via Körper etwas sagen will. Solange du das nicht verstanden und gelöst hast, bessert es sich vermutlich kaum.«

Ernst schweigt, schaut zu Boden, dann betroffen zu seiner Frau. »Es scheint, dass diese Situation mir mehr ausmacht, als ich mir zugestehe.«

»Wie kannst du dich mehr abgrenzen?«, frage ich ihn und schaue dabei in seine Seele. Dabei warte ich von beiden auf eine Antwort. Seine Seele zeigt mir, wie er sich einen Schal um den Hals legt. Eine wohlige Wärme wird ausgelöst. Für mich ist dieses Bild sehr klar. Er muss sich mehr schützen, mehr abgrenzen und mehr zu sich stehen. Das löst in ihm Geborgenheit und Kraft aus.

Ernst sagt nun: »Stimmt, es ist nicht meine Firma, doch ich betrachte es als meine Firma. Ich bin da angestellt und gebe jeden Tag mein Bestes. Obwohl ich hinter meinem Chef loyal stehen will, kann der eine andere Meinung haben. Ich tue mein Bestes für meine Unternehmerkollegen, doch es ist nicht meine Firma.« Immer wieder wiederholte er diesen Satz. Es war für ihn wie eine kleine »Erleuchtung«.

Unsere Glaubenssätze steuern unser Denkverhalten und unsere Handlungen. Aus diesem Grund suche ich in solchen Situationen nach störenden, bremsenden und negativen Glaubenssätzen. Diese gilt es aufzulösen, zu neutralisieren, damit der Kunde sein wahres Potenzial in seinem eigenen Tempo leben kann. Dabei sehe ich wiederum Metaphern in kleinen Mini-Film-Sequenzen. Ich werde später noch näher darauf eingehen. Bei Ernst sah ich Folgendes: »Ein Mann geht Hand in Hand, auf gleicher Höhe, einen Weg.« Für ihn war das wie Vater und Sohn, die gemeinsam in die gleiche Zukunft marschieren.

Ich frage Ernst: »Was bedeutet das für dich?«

Ernst: »Als Team geht man immer zusammen und geschlossen in die Zukunft. Man hält zusammen durch dick und dünn. Meinem Vater war das immer sehr wichtig. Er lebte mir das klar vor und sagte uns das immer und immer wieder.«

Ich: »Darfst du im Geschäft eine andere Meinung gegen Außen haben und trotzdem hinter der Firma stehen? Willst du deine eigene Meinung leben dürfen?«

Ernst: »Gute Frage … ja klar.« Wir korrigieren diesen Glaubenssatz, der offensichtlich von seinem Vater kam und ihn nachweislich reduzierte. Grundsätzlich wollte er nur unbewusst und loyal hinter seinem Vater stehen, weil er für seine Arbeit einfach nur geliebt werden will. Wir korrigieren noch ein paar Glaubenssätze und stärken dazu seine Chakren. Dann schaue ich noch einmal seine berufliche Energie an. Die Energie war deutlich besser. Doch was ich sehe, ist nicht wichtig. Wichtig ist die Wahrnehmung des Kunden.

Ich: »Wie fühlst du dich?«

Ernst: »Deutlich besser, irgendwie kräftiger!« Dennoch ist er auch nachdenklich. Es macht etwas mit ihm.

Die Schluckbeschwerden sind noch da. Sie symbolisieren seinen inneren Druck, doch das ist plötzlich nicht mehr relevant. Er hat jetzt ein klares Navigationsgerät im Hals. Wenn er sich selbst treu ist, sich treu bleibt, sich abgrenzt, dann wird der innere Frosch, der sich anfühlt wie ein verschluckter Kleiderbügel, verschwinden.

Nach ca. zwei Monaten erhielt ich von Ernst eine E-Mail. »Lieber Bruno. Entschuldige meine späte Antwort. Mir geht es blendend. Der Druck im Hals ist weg. Ich kann mich innerlich jetzt richtig gut von der Firma abgrenzen. So sage ich mir immer: Ich mache mein Bestes und kann mich nicht dreiteilen. So heißt mein neues Motto: Eines nach dem anderen. Danke für dein Lesen und deine Behandlungen. Es hat uns sehr geholfen … Herzlich, Ernst und Heidi«

Wenn wir unser Verhalten und Denken ändern, verändert sich unser Bewusstsein. Oft verschwindet dann ein Schmerz oder ein Problem, ohne großes Adieu, aus unserem Leben.

ÜBUNG 5
Das Herz im Wohlfühl-Gleichgewicht

Die Herz-Gleichgewichts-Übung ist eine Art Meditation und wurde am HeartMath® Institute in Kalifornien erforscht und entwickelt. Sie ist jedoch keine klassische Entspannungsübung. Sie hat nichts mit der Anzahl der Herzschläge selbst zu tun, sondern nur mit deren gleichmäßigem Wechsel. Sie ermöglicht innere Ruhe auch bei Anspannung und in Stresssituationen. Zum Beispiel nutzt die Polizei in Holland diese Art des Mentaltrainings erfolgreich für ihre 34 000 im Einsatz stehenden Polizisten.

Die Übung besteht aus drei Schritten:

1. Schritt
Suche dir zuerst einmal einen ruhigen Ort und nimm eine bequeme Haltung ein. Schließe die Augen und atme zunächst einmal langsam tief ein und aus. Atme länger aus, als du eingeatmet hast, und warte dann etwa drei Sekunden, bevor du wieder einatmest. So wird der entspannende Parasympathikus aktiviert, man tritt also schon mal auf die Körperbremse.

2. Schritt
Weiter langsam und tief einatmen, ohne die Atmung willentlich zu beeinflussen. Dabei stellt man sich bildlich und sinnlich vor, man würde durch das Herz atmen. Beim Einatmen vorstellen, wie das Herz all die frische, beruhigende, reinigende Luft bekommt, die es braucht. Beim Ausatmen vorstellen, wie alle überflüssigen Abfallstoffe weggeblasen werden. Stell dir im Geist vor, wie dein Herz anfängt zu leuchten und deinen ganzen Körper damit erfüllt.

3. Schritt
Ruhig weiter atmen. Achte auf ein Gefühl von Wärme und Ausdehnung in der Brustregion und rufe dir eine schöne Erinnerung in tiefer Dankbarkeit und Liebe in dein Gedächtnis (einen geliebten Menschen, Hochzeit, Geburt, Kind, Traumferien usw.). Tauch in diese Erinnerung ein und erlebe die Gefühle von damals wieder. Dabei kann es sich um Liebe, Glück, Euphorie oder etwas anderes Positives handeln. Die Erinnerungen lösen positive Gefühle aus.

Die Übung dauert höchstens ein paar Minuten. Dann kannst du sie beenden und noch einige Male tief ein- und ausatmen und langsam deine Augen wieder öffnen.

Sie wirkt umso schneller und besser, je regelmäßiger man sie anwendet. Je öfter man sie einübt, umso schneller gelangt das Herz ins Gleichgewicht und man selbst in ein Wohlgefühl. Das war's, mehr brauchst du nicht. Wer den Einfluss der Gedanken auf den Körper kennt, der wird erkennen und erfahren, wie wirkungsvoll diese Übung ist. Probiere sie jetzt gleich aus.

ÜBUNG 6
Herzkommunikation

Bevor du aus dieser wundervollen Entspannung aussteigst, kannst du auch mit deinem Herzen kommunizieren. Lege die Hand auf dein Herz und stelle eine vorbereitete Frage. Zum Beispiel »Liebe ich ihn wirklich?« oder »Will ich diesen Job wirklich von ganzem Herzen hinter mir lassen?« Konzentriere dich nun auf dein Herz. Was passiert, wenn du dir diese Frage stellst? Geht dein Herz eher in Wärme auf oder fühlst du eine Ausdehnung im Herzen? Dann heißt das in der Regel: JA.

Fühlst du eher ein Zurückziehen, Schwerwerden, Engwerden oder Verschließen, dann lautet die Antwort: NEIN.

Ich lernte diese Übung im Alter von 25 Jahren bei einem Herz-Meditations-Seminar mit meiner Mutter. Diese Übung hat mir schon sehr oft geholfen, meinen Kopf zu verstehen. Der Schlüssel dazu heißt: Nicht denken, sondern fühlen!

Hier gleich eine weitere Übung, um deine Gehirnfrequenzen zu senken. Du kannst diese Übung natürlich auch später machen.

ÜBUNG 7
Meine Lieblingsentspannungsübung

Meine Lieblingsentspannungsübung findet in wenigen Sekunden statt. Ich hole tief Luft und schließe beim Ausatmen die Augen. Ich atme langsam durch die Nase aus. Mein Mund ist zu, meine Zunge am Gaumen, meine geschlossenen Augen schauen leicht nach oben. Dazu mache ich ein Geräusch im Hals wie ein lautes Atmen, kurz vor dem Räuspern. Dann, beim Ausatmen, fühle ich in meinen Körper. Es atmet nach unten aus. Gesäß und Füße verbinden sich tief mit der Erde. Ich denke nichts und bin im absoluten Hier und Jetzt. Ich atme kaum und warte. Es denkt nichts. Ich bin.

In diesem Zustand warte ich ein bis zwei Sekunden. Wenn nötig fokussiere ich mich auf meine Stirn. Automatisch geht mein drittes Auge auf und das Open-Air-Kino zum Seelenlesen ist bereit. Ich öffne, wenn nötig, die Augen und lese. Das geht grundsätzlich alles, auch ohne die Augen zu schließen. Doch das war zu Beginn natürlich nicht immer so. Ich fühle, wie sich meine Gehirnfrequenz sofort reduziert.

Wenn dir das alles zu schnell geht, kannst du dich einfach auf deine Füße konzentrieren. Schließe die Augen, erde dich. Stelle dir vor, wie Wurzeln aus deinen Füßen wachsen. Atme dabei einfach langsam ein und wieder aus. Fühle den Atem im Körper, in der Nase, im Bauch und werde langsam schwerer und schwerer. Entspannung tritt nun Schritt für Schritt ein. Sollten Gedanken in dir hochkommen, dann stelle dir einfach einen Baum mit Blättern vor. Deine Gedanken sind die Blätter am Baum. Der aktuelle Gedanke fällt in Form eines Blattes ab und fällt in einen Fluss unterhalb des Baumes. Der Fluss nimmt dein Blatt und so deine Gedanken mit sich fort. Betrachte, höre oder fühle das Geschehen und werde immer ruhiger und ruhiger.

Um in der Gesundheit zu bleiben, sind solche Achtsamkeitsübungen für den Alltag sehr wichtig, auch um die Balance zwischen dem lauten Außen und dem leisen Innen zu halten.

GESCHICHTE AUS DER PRAXIS
Wie Jessica ihre Liebe wiederfand

Jessica führt ein Hotel auf einer spanischen Insel. Sie besuchte mich vor ein paar Monaten in meiner Praxis. Nachdem ich ihre Verspannungen an der Wirbelsäule lösen konnte, wendete sie sich erneut mit einem eher speziellen Fall an mich. Sie vertraute mir an, dass jährlich ein Hotelgast anreise, der ihr das Leben ganz schön schwer mache. Obwohl sie glücklich verheiratet ist, spüre sie eine extrem starke sexuelle Anziehung zu diesem sehr attraktiven Mann. Da dies offenbar gegenseitig sei, könne sie diesen flirtenden Blicken kaum widerstehen. Der Hotelgast habe sich nun wieder angemeldet und sie sei schon ganz unruhig. »Können Sie mir helfen, Herr Erni?«, fragte sie am Telefon. »Ich werde mein Bestes geben und Sie in den kommenden Tagen informieren.«

Ich liebe solche Projekte. Das Leben bleibt so immer prickelnd. In einer der kommenden Nächte tauche ich in die Energie von Jessica. Ich komme mir wie ein kleiner Hexer vor und blockiere Jessicas Energie zu diesem unbekannten Touristen. Das geht hier nur, weil Jessica das ausdrücklich will und offen für diesen Wunsch ist! Dann beginne ich die Liebes-, Lust- und Herzenergien zu ihrem Ehemann aufzubauen. Damit ich auf Nummer sicher gehen kann, wiederhole ich das dreimal und melde das per E-Mail.

Einen Monat später bekomme ich ein Paket mit Süßigkeiten aus Spanien. Ein Dankesgeschenk von Jessica. »Lieber Herr Erni. Vielen Dank für Ihre wertvolle Arbeit. Der Casanova hat mich kaum beachtet. Ich fühlte mich in keiner Weise mehr zu ihm hingezogen. Irgendwie schon fast ulkig. Mein Mann und ich genießen dagegen unsere bald 30-jährige Ehe mit allem, was dazugehört. Als wäre der zweite Frühling ausgebrochen. Sie sind bei uns jederzeit willkommen. Herzliche Grüße aus Spanien, Jessica.«

Denke nicht, fühle!

ÜBUNG 8
So spürst du deine Seele

Alles ist Energie. Doch wo genau sitzt die Energie der Seele bei dir? Was denkst du? Im Körper, außerhalb? Das war für mich immer eine zentrale Verständnisfrage, die mir niemand klar beantworten konnte. Einfach noch einmal zur Wiederholung, aus meiner Sicht sind wir beseelte Körper. Alles ist beseelt. Jede Blume, jede Pflanze, jedes Tier, egal wie klein oder wie groß, und natürlich auch wir Menschen, also du! Wie du schon gelesen hast, sehe ich deine Seele oberhalb deines Kopfes als eine Art transparente Wolke, die sich dann mit deinen Chakren und deinem Körper verbindet.

Wer mich kennt, weiß, dass ich alles immer wieder hinterfrage. Der Grund ist schnell erklärt. Ich versuche meine Wahrnehmung zu schärfen, um so einen allfälligen blinden Fleck zu vermeiden. Ich frage und forsche im Außen, damit ich mein Innen verstehen kann. Oft haben andere Menschen ähnliche Erfahrungen und beschreiben sie so anschaulich, dass es mir eine Abkürzung ermöglicht.

Für mich war es deshalb besonders spannend, als ich im Buch von Elias Wolf *(Das Buch der 28 Chakren)* las, dass gemäß seiner Vorstellung an dem Punkt, an dem ich die Seele sehe, das 17. Chakra liegt. Er nennt es den Seelenpunkt. Auch in alten Kulturen finden wir an dieser Stelle Symbole.

Machen wir darum ein kleines Experiment

Reibe deine Hände oder drücke dir bei beiden Händen die Daumen in die Handfläche. Du kannst auch gerne die Handflächen ein paarmal zusammenklatschen. Das aktiviert deine Handchakren. Du fühlst ein leichtes Kribbeln und die Handflächen werden warm. Stelle dir nun vor, dass du einen transparenten Ball zwischen den Händen hältst. Der Ball ist ca. 30 cm groß. Versuche, diesen nun zu fühlen. Versuche, so zu tun, als würdest du ihn fühlen, wenn du nichts spürst. Lass dir Zeit. Am besten schließt du die Augen. So kannst du dich besser auf das Fühlen konzentrieren. Versuche nun, den Ball ganz sanft zusammenzupressen. Ein Widerstand wird klar fühlbar. Das ist faszinierend. Du weißt und siehst, es ist nichts zwischen deinen Händen, dennoch fühlst du etwas. Vergrößere nun den transparenten Ball etwas. Spiele mit dieser Energie. Ich gratuliere dir! Diese Art der Energie findest du überall.

Wenn du im Wald spazieren gehst und einen abgeschnittenen Baum findest, also einen Baumstrunk, dann gehe zum Baum, aktiviere deine Handflächen und versuche, den Baum zu fühlen, wo er einmal war. Du siehst mit deinen Augen, der Baum ist nicht mehr da, doch seine Energie, wo er einmal stand, ist noch da und für jeden Menschen fühlbar.

In der Aurachirurgie fühle ich mit meinen Händen exakt diese Energie vor deinem Körper, wenn es im Körper Blockaden hat. Auch die Chakren kannst du so abfühlen. Zum einen von oben nach unten, zum anderen von außen nach innen.

Bist du bereit, deine Seele zu fühlen? Aktiviere deine Handflächen wie vorher beschrieben. Stelle dir vor, du hast über deinem Kopf einen zweiten Kopf. Dieser beginnt etwa eine Handfläche über deinem realen Kopf. Versuche nun ganz vorsichtig, an deinem transparenten Kopf die Ohren zu fühlen.

Dabei wirst du drei Dinge fühlen:

1. Deine Seele selbst, analog dem Beispiel mit dem Kopf über dem Kopf.
2. Es kribbelt auf deiner Kopfhaut.
3. Ein seltsamer Druck im Kopf, im Hals, in den Ohren, ja bis ins Kreuz, wird spürbar.

Herzliche Gratulation zu deinem ersten bewussten Kontakt mit deiner Seele! Du hast gerade dein wahres Ich berührt.

Überlege nun, was das für dich genau bedeutet. Stelle dir vor, dass du nicht du bist, sondern diese Energie, eben dein wahres Ich. Meine Güte, das ist jetzt vielleicht gerade etwas »jenseits der Logik«. Körper, Seele und Geist gehören zu deinem Leben. Dass du in diesen drei Einheiten zusammengekommen bist, ist ein Wunder der Natur. Es ist eine einmalige Chance für eine einmalige Erfahrung. Erkenne das und nutze diese Chance.

ÜBUNG 9
Kommunikation mit deinen Organen

Alle deine Organe sind beseelt. Aus meiner Sicht sind Organe wie kleine sensible Kinder. Und was wollen kleine Kinder? Richtig, Liebe und Anerkennung. Sie verrichten tagein und tagaus ihre automatische Pflicht. Wir jedoch machen uns kaum je Gedanken darüber und nehmen es einfach als selbstverständlich hin. Wehe, wenn dann ein Organ plötzlich meckert. Mit 25 Jahren, 1993, sprach ich oft mit meinem Herzen. Erst 2010, mit 42 Jahren, lernte ich, dass man mit jedem Organ reden kann.

Wenn du ein verstimmtes Organ hast, dann versuche es zu entspannen. Lege dazu eine Hand auf dein Herz und die andere Hand auf dein Organ. Beginne, wie im normalen Leben auch, eine gefühlvolle Kommunikation. Frage: »Wie geht es dir?« Jeder Mensch bekommt Impulse. Instinktiv erkennen wir, ob es Stress hat, ob es gesund ist oder ob wir etwas unternehmen müssen. Ich lade dich jetzt ein, deine Hand auf dein Herz zu legen und es zu fragen. »Herz, wie geht es dir?«

Horche! Was nimmst du wahr? Was fühlst du? Es ist sehr wichtig, dass du dabei nicht denkst, sondern fühlst.

Sage deinem Herzen: »Ich liebe dich!« Fühle jetzt, was in dir geschieht. Ein Liebesgefühl der besonderen Art.

Mein lieber Freund, Kurt Zyprian Hörmann, hat in seinen morphogenetischen Lesungen eine sehr ähnliche Übung. Wer über das Herz arbeitet, ist nahe bei der Seele. Herzarbeit ist Seelenbalsam und macht unseren Geist ruhig und den Körper gesund.

Lege das nächste Mal bei Schmerzen zuerst deine Hand auf. Versuche zu spüren und zu beruhigen. Es ist wie ein liebevolles Telefonieren. Stelle dir vor, wie das Organ wieder gesund ist. Stelle es dir in voller Kraft, in Farbe und Freude vor. Motiviere es, liebe es!

ÜBUNG 10
So spürst du deine Seelenfamilie

Dr. phil. Varda Hasselmann ist seit 20 Jahren ein Medium, das sich in Trance mit der »Quelle« verbinden kann. Sie hat so den Zugang zum Seelenwissen, das sie in vielen Büchern niedergeschrieben hat. Sie ist der Meinung, dass wir mit 1000 Seelengeschwistern oder Seelenzwillingen verbunden sind. Diese bilden unsere Seelenfamilie. Zwei Drittel davon seien inkarniert, ein Drittel sei nicht inkarniert. Diese Geschwister sind wiederum verbunden mit Sippen und Stämmen, die schnell eine sehr große Masse an Seelen annimmt. Wenn du einem Seelenpartner hier auf der Welt begegnest, dann spürst du das im Herzen. Ein Blick in dessen Augen und du fühlst dich magisch verbunden.

Machen wir jetzt ein Experiment und rufen deine Seelenfamilie. Lege dich bequem hin und entspanne dich. Schließe die Augen. Tauche in eine entspannte Gehirnfrequenz. Wenn du richtig gut entspannt bist, kannst du in Gedanken Folgendes rufen: »Ich bitte darum, dass meine Seelenfamilie oder einzelne Seelen davon jetzt deutlich, spürbar und liebevoll zu mir kommen.« Achte nun sehr genau auf deine Körperwahrnehmung. Du wirst das in der Aura fühlen können. Es kann eine Hühnerhaut auslösen, Enge am Körper, erhöhten Puls, sanften Druck in der Brust oder eine Art »Wind«, den du zu fühlen glaubst. Spüre, was fühlst du?

Du wirst ab jetzt nie mehr allein sein. Okay, du kannst auch das Gegenteil machen und diese Energie nur dann einladen, wenn du Zeit für sie hast. So bin auch ich gern allein auf der Toilette. Sollte dich ab heute deine Seelenfamilie auch in der Nacht besuchen, dann spürst du das noch deutlicher, da deine Sinne noch mehr in der Ruhe sind. Bitte sie zum Beispiel auch darum, dass sie dich gut »beschützen«. Verabrede dabei ein klares Zeichen, das du deutlich erkennen kannst. Sage den Seelen, was du von ihnen möchtest und wann sie dich in Ruhe lassen sollen. Zum Schutz kannst du dich auch in ein großes Ei legen. So bist du rundum geschützt.

Unausgesprochene Worte können ganze Leben zur Trauergeschichte machen. In einem Energie-Coaching erzählte mir eine Kundin, dass sie nicht wüsste, ob ihr vor über fünf Jahren verstorbener Vater sie wirklich geliebt habe. Nie sagte er die Worte: »Ich liebe dich!« Oder: »Ich bin stolz auf dich.« Dann begann sie zu weinen.

»Lass uns ein Experiment machen«, sagte ich. Sie schloss die Augen, entspannte sich und wir riefen ihre Seelenfamilie. Nachdem sie diese Energien deutlich spürte, schickten wir die Seelenfamilie wieder nach Hause und riefen die Seele ihres Vaters.

»Wo spürst du ihn?«

»Er steht hinter mir. Ich fühle ihn ganz deutlich am Rücken«

Ich: »Er beschützt dich. Bitte ihn vor dich und stelle deine Frage. Warte dann auf ein Zeichen.«

Ich blickte meine Kundin an, ihre Augen waren geschlossen. Sie fragte: »Papa, hast du mich wirklich geliebt?« Stille. Plötzlich kullerten Tränen aus ihren Augen und sie begann dankbar zu lächeln. Dann schickten wir die Seele wieder nach Hause.

»Was hast du erlebt?«, wollte ich wissen.

»Kaum hatte ich meine Frage gestellt, streichelte er mir ganz zärtlich und deutlich spürbar über meine Wange. Dann kam er ganz nah an mich heran. Ich spürte das so, als wäre er wirklich da gewesen. Unglaublich, er liebte mich!« Seit diesem Moment geht es meiner Kundin endlich gut. Sie hat ihre wiederkehrenden Sorgengedanken abgelegt und die innere Gewissheit, ihr Vater liebte sie.

Wie heißt meine Seele?

Ein bekanntes Medium nannte mir 2008 den Namen meiner Geistführerin: Joana! Dabei erwähnte er, dass ich zwei Geistführer an meiner Seite habe. Joana und eine Art spanisch-tibetischer weiser Mann. Ich solle mit den beiden etwas mehr Kontakt aufnehmen. Sie würden mir helfen.

Joana? Das erinnerte mich an das Lied von Roland Kaiser aus dem Jahr 1984. Ich begann in der Tat, Joana bewusster in mein Leben einzubinden. Doch wie hieß der Mann?

Als ich 2011 meine Geistheilerausbildung begann, machten wir eine mentale Reise an unseren Kraftort. Du kennst den Kraftort ja bereits. Dort gab es ein Haus mit allerlei nützlichen Räumen. Dann mussten wir uns vorstellen, wir seien in einem Raum und stünden vor einer Schiebetür, die gleich aufgehen würde. Dahinter sei unser Geistführer. Wir würden ihn sehen, hören und könnten mit ihm sprechen. Wir sollten nach seinem Namen fragen und werden so den Namen klar und deutlich hören.

Ich erinnere mich gut, ich war plötzlich aufgeregt. Gibt's den überhaupt? Was, wenn ich den Namen nicht höre? Wenn da nichts ist? So ließ ich mich in die Meditation fallen und führen. Ich stehe vor der Tür. Sie geht auf und ... da ist nur eine Badewanne. Ich bin verwirrt. Eine Badewanne? Was soll denn das? Dann plötzlich taucht aus der Badewanne mit viel Schaum ein lustiger Mann hervor. Ich muss lachen. Genau mein Humor. Er stellt sich vor und sagt: Ich bin José!

Das war so eindrücklich und deutlich. Es gab keinen Grund, das anzuzweifeln. Ich spürte, es stimmt. Joana war immer weniger anwesend. José begleitete mich bis Anfang 2017. Dann gab es einen eindrücklichen Wechsel, doch davon schreibe ich vielleicht in einem nächsten Buch.

Dank des Namens gelang es mir viel leichter, mich mit meinem Geistführer zu verbinden. So stellte ich mir die Frage, ob ich auch den Namen meiner Seele erfragen kann. Ich fokussierte mich in einer Meditation auf meine Seele und fragte: »Wie heißt du?« Es kam nichts.

Hm, also wenn ich die Seele bin, dann ist die Frage nicht korrekt. So fragte ich erneut: »Wie heiße ich?« Ich lauschte, als würde ich versuchen zu hören, wie eine kleine Maus auf der anderen Seite des Hauses etwas flüstern würde. Eine sanfte Stimme im Kopf hauchte: »Sequoia!« Das war sehr spannend. Ich bedankte mich. Der Name fühlte sich echt gut an. Dann überkam mich eine Gefühlsdusche der besonderen Art. Wie eine liebevolle Heimwehumarmung samt einem unbeschreiblichen Urvertrauen stieg es in mir hoch. Mystische Geborgenheit alter Erfahrungen. Eine tiefe Verbindung zu den Elementen schossen in mein Herz. Wie eine Art Indianerweisheit war es. Ich fühlte eine tiefe Dankbarkeit in mir hochkommen. »Huch, was war denn das?«

Ich setzte mich an den Rechner, ging ins Internet und tippte den Namen »Sequoia« ein. Sequoia steht für Riesenmammutbaum. Es gibt diese Art der Bäume im Sequoia-Nationalpark in Kalifornien, USA. Die verschiedenen Arten sind zwischen 84 bis 115 Meter hoch und haben einen

Durchmesser von fast 10 Metern. Die ältesten dieser Bäume sollen über 3000 Jahre alt sein. Mir gefiel, was ich da las, und ich freute mich. Es fühlte sich komplett stimmig an.

Doch warum sollst du nach dem Namen deiner Seele fragen? Wenn du einem kleinen Käfer einen Namen gibst, ihn mit dem Namen ansprichst, dann fühlen wir uns verbunden. Der Käfer kann eine Katze, ein Hund, ein Schaf, ein Fisch oder eben deine Seele sein. Wobei deine Seele natürlich niemals ein Tier ist. Jedoch auch kein Mensch. Es ist dein Sosein.

ÜBUNG 11
So kannst du nach dem Seelennamen fragen

Schließe deine Augen. Spüre deine Füße. Aktiviere deine Hände. Reibe sie, bis die Handflächen warm sind. Fühle noch einmal kurz die transparente Energiekugel. Fühlst du die Energie? Stelle dir nun die Energie über deinem Kopf vor. Versuche, diese noch einmal zu fühlen. Frage dann diese Energie: »Wie heißt du? Wie heiße ich?« Warte einfach, bis du einen Namen bekommst. Sollte nicht gleich ein Name kommen, wiederhole die Frage mehrere Male und warte dann einfach ab, indem du die Energie fühlst, ohne Absicht, ohne Erwartung. Es ist, als wenn du einen Anruf machst. Du wartest, bis er oder sie den Hörer abnimmt und den Namen nennt. Nur hörst du den Summton und das Klingeln nicht, darum musst du sehr gut zuhören und warten.

In meinen Seminaren und Referaten erhalten an dieser Stelle ca. 95 % der Teilnehmer einen Impuls, einen Namen, ein Bild, ein Gefühl. Auch erlebte ich, dass jemand einen Tannenbaum roch. Das sind Zeichen in einer für dich zu verstehenden Sprache. Eine Teilnehmerin sah einfach nur eine Sonne. Sie wusste nicht, was sie damit machen soll. Ich fragte sie: »Was bedeutet dir das?«

»Die Sonne ist wunderschön, geborgen und warm. Sie erfüllt mich.«

»Ich denke, es ist klar, du musst einfach an dieses Ur-gefühl denken und schon bist du mit deiner Seele, also mit dir, verbunden.« Für sie passte es sehr. Nimm den ersten Namen, auch wenn es ein Hans oder Fritz ist. Es muss nichts Spektakuläres sein. Du fühlst es, ob der Name passt.

Du kannst dir auch einen Namen einfach aussuchen. Dann wirst du es erfahren, wenn du deiner Seele einen anderen Namen sagen sollst. Wenn es dir hilft, kannst du dir auch vorstellen, dass es dein bester Freund oder deine beste Freundin ist. Jemand, der immer für dich da ist. Wenn du den Namen hast, kann er dir vertraut sein oder auch wie aus einer anderen Kultur vorkommen. Du kannst auch nur in Gedanken mit deiner Seele Kontakt aufnehmen. Dabei ist es vor allem wichtig zu erkennen, dass deine Seele dein Ur-Ich ist.

Wenn du mit ihr sprechen willst, dann sprich wie mit deinem besten Freund oder Freundin. Es herrscht absolutes Vertrauen, du kannst über alles reden, es gibt keine Grenzen. Du bist auf gleicher Augenhöhe mit 100 % Respekt. Grundsätzlich ist es wie eine Art Selbstgespräch, denn die Seele bist ja du mit einer riesigen Vergangenheit. Wie in einem guten Gespräch muss man natürlich auch zuhören können.

Lade deine Seele von nun an in deinen Alltag ein. Kümmere dich um sie. Verwöhne sie. Schließlich geht es um dein wahres Ich. Versuche dein Leben sehr weise und nach dem Ruf der Seele zu verbringen. Körper, Psyche, Geist und deine Seele werden dir dafür danken. Es ist eine sehr gute Investition auch für deine kommende Wiedergeburt.

ÜBUNG 12
So findest du deinen Seelenauftrag

Wenn du einen Namen bekommen hast, dann wiederhole den Anfang der letzten Übung noch einmal und stelle andere Fragen. Zum Beispiel: Was ist mein Seelenauftrag? Achte nun wieder, was bei dir ankommt. Sind es innere Bilder? Wörter? Klänge? Töne? Was bedeuten sie für dich? Sprich mit deiner Seele, sprich mit dir. Fühle! Du kannst dich auch in einem Spiegel betrachten und oberhalb deines Kopfes versuchen, Bilder zu empfangen.

Diese Variante der Übung ist schon etwas schwieriger und braucht vielleicht mehrere Anläufe. Sollte es nicht gehen, dann bist du vielleicht nicht in der optimalen Gehirnfrequenz. Übung macht den Meister! Gern gebe ich dir gleich noch weitere Möglichkeiten.

Erni-Seelen-Radar

Grundsätzlich hast du jetzt eine der einfachsten Bedienungsanleitungen, die es gibt. Du weißt nun, oberhalb deines Kopfes ist die Seele. Sie ist verbunden mit den Chakren, die in deinen Körper gehen. Das Herz ist der Zugang zur Seele. Zwischen deinem Kopf und der Seele gibt es verschiedene Energieströmungen. Dein Kopf spricht unbewusst mit deiner Seele. Daraus ergibt sich die Sichtbarkeit deiner unbewussten Gedanken.

Oben, auf deiner rechten Seite, geht es um dein Privatleben, in der Mitte um deine Gesundheit und links um den Beruf. Wenn du jemanden anschaust, ist oben links die private Energie, in der Mitte die Gesundheit und rechts der Beruf. Leicht oberhalb der drei Bereiche, oder etwas unterhalb der Seele, sind deine Glaubenssätze zu Hause. Die kannst du abfragen. In der Regel fragen wir hier die bremsenden und negativen Glaubenssätze ab, damit wir sie auflösen können. So kann sich deine Seele besser entfalten, damit du deine ganz persönliche Lebensmission erfüllen kannst.

Ethische Frage: Darf ich Seelen lesen?

Immer wieder werde ich gefragt, ob man denn Seelen lesen darf. Was denkst du? Wenn du bei einem guten Freund zu Hause ins Schlafzimmer gehst, die Nachttischschublade öffnest und darin etwas suchst, dann wäre das wohl nicht sehr korrekt. Es ist immer eine Frage des Anstands. Ich vergleiche es gern so: Es ist, als ob du einen Menschen genau anschaust. Du siehst, wie er angezogen ist. Welche Frisur er hat, welche Schuhe. Und jetzt? Was bedeutet das für dich? Wenn du nun anfängst zu denken, wie schlecht die Person angezogen ist, dann beginnst du deine persönliche Meinung abzugeben. Das ist eine Bewertung, die aus deinem Ego kommt. Eine Seele bewertet nicht. Es ist, wie es ist. Und wie es ist, ist es gut.

Wer eine Seele lesen kann, muss sich ethisch korrekt verhalten. So etwas darf nur dazu dienen, zu helfen und zu verstehen. Niemals, um jemanden bloßzustellen, etwas besser zu wissen oder zu belehren. Zu Beginn mag es spannend sein, alles zu lesen. Aber denke daran, es dient einem höheren Ziel. Wenn ein Frauenarzt eine intime Untersuchung macht, dann geht es immer um eine neutrale Untersuchung, und niemals um Manipulation oder Sex. Das ist hier exakt das Gleiche. Seelenlesen ist dazu noch viel intimer.

Seelenlesen kann allerdings für das Verständnis eines anderen Menschen sehr heilsam sein. Als wir 2016 in Dänemark in den Ferien waren, genossen wir es als Familie in einem Reiheneinfamilienhaus am Meer. Gleich daneben lag ein Campingplatz mit Spielplatz und einer Minigolfanlage. Natürlich wollten wir diese Anlage inspizieren und informierten uns auch an der Rezeption. Neben einem Info-Flyer lagen dort auch Minigolf-Schläger. »Selbstbedienung – nur für Campingbewohner«, stand auf dem Schild in fünf Sprachen. Wir blickten durch das Schaufenster nach draußen, niemand war auf der Minigolf-Anlage. Schnell war klar, unsere Familie macht noch kurz ein Familien-Golfturnier. Jubelnd schnappten wir uns Schläger und Bälle, gingen nach draußen und begannen. Als hätte jemand einen Schalter umgelegt, kamen nach wenigen Minuten unzählige Familien zum Golfen. Die Schläger wurden knapp und die Dame an der Rezeption versuchte, die Lage in den Griff zu bekommen. Plötzlich stand sie vor uns und fragte uns nach der Campingplatznummer. In mir kurbelte das Gehirn auf Hochtouren. Soll ich einfach eine Nummer sagen? Soll ich sie nicht verstehen wollen? Soll ich die Wahrheit sagen, dass wir aus dem Nachbarhaus sind? Ich blickte zu meiner jüngsten Tochter. Ich wusste, wie wichtig das Minigolf-Spielen für sie war. Wieder krächzte die Dame und fragte erneut nach unserer Nummer. Ganz nach dem Motto »Ehrlich währt am längsten« erklärte ich ihr, dass wir Nachbarn seien und ich die Hausnummer nicht auswendig wüsste. Als hätte sie meine Gedanken gelesen, sagte sie mir klar und deutlich: »Sie dürfen hier nicht spielen. Die Nachbarhäuser gehören nicht zur Campinganlage. Sie haben hier nichts verloren.«

Ich entschuldigte unser Verhalten und sagte ihr: »Meine Tochter wird diese eine Bahn noch fertig spielen. Dann gehen wir.« Knurrend tappte sie von dannen und marschierte zu einem Mann. Als wären wir Schwerverbrecher, blickte dieser Mann mit gehobenen Augenbrauen zu uns. Offenbar war er der Chef der Anlage. Schon stand er bei uns. Ich: »Wir gehen gleich, unsere Tochter spielt nur noch diese eine Bahn zu Ende!« Ich lächelte ihn bittend an und versuchte, sein weiches Herz zu erreichen, doch mein warmes Lächeln erfror in seinem eisigen Gesicht. Gehetzt blieb er stehen und blickte zu meiner Tochter. Diese wurde nun nervös, traf den Ball nicht mehr und es dauerte alles viel länger. Man spürte, wie der Campingplatz-Chef gegen seinen Willen warten musste. Dann endlich, meine Tochter lochte ein, er nahm uns die Schläger und Bälle herzlos ab und sagte in einem bestimmten Tonfall: »Gehen Sie!«

Auf dem Weg nach draußen lag der spannende und große Spielplatz. Ein Paradies für Kinder. Schon lebte unsere hüpfende und fröhliche Tochter ihren Seelenauftrag auf dem Spielplatz aus, auf dem sie alles entdecken wollte.

Meine Frau und ich standen gedankenversunken da und gaben unserem Kind die Möglichkeit sich auszutoben und zu entdecken. Doch schon kam der Campingplatz-Betreiber wieder angeschnauft. Im lauten Befehlston, sodass man das sicher auch in Schweden noch hörte, brüllte er: »Gehen Sie! Gehen Sie, JETZT!« Wir sensiblen und harmoniesüchtigen Touristen waren ob dieses Zorns etwas irritiert, riefen unsere Tochter und verließen die Anlage.

Wir wussten, dass wir im Unrecht waren, doch das war jetzt schon etwas unmenschlich und übertrieben. Rebellische Gedanken kreisten durch meinen gekränkten Kopf. Wir hätten ja auch Interessenten oder Besucher für seine Anlage sein können. Ein armer Mensch. Und schon begann ich, seine Seele zu lesen. »Warum verhältst du dich so?«

Ich sah einen Mann sein Reich beschützen. Wie ein stolzer Krieger beschützte er sein Heiligtum für seinen König. Dieses Gefühl freute ihn selbst. Ihm konnte man zu 100 % vertrauen. Er stand und steht treu und ehrlich hinter seinen Kunden, hinter seiner Firma. Genau das machte er für seine Campingplatz-Kunden. »Ja, okay, das ergab komplett Sinn!« Ich spürte die Liebe und Entschlossenheit, die er für seine Kunden hat. Er gibt sein letztes Hemd. Auch wurde mir bewusst, dass wir vermutlich nicht die ersten Nachbarn waren, die seinen heiligen Tempel betreten hatten. So sprudelte das Fass bei uns über den Rand. Ich verstand sein Verhalten und fand das auch irgendwie schön. Ich mag loyale Menschen. Vielleicht müsste er das Herz etwas mehr öffnen und den Blick für das Wesentliche schärfen. Doch das geht mich nichts an und ist eine andere Geschichte.

Nachdem ich das unserer Familie erzählte, konnten wir alle diesen Mann in Liebe verstehen. So hat er bei unseren Kindern sogar einen Platz im Herzen des Humors gefunden. Wie das geht? Immer wieder fällt der Satz: »Gehen Sie. Gehen Sie JETZT!« Das Wort: »Jetzt!« hängen wir ab und zu gern an ein Satzende. So sagte unser Sohn neulich: »Kannst du mir bitte den Löffel rüberreichen, JETZT!« Wir mussten schallend lachen.

In diesem Fall kann Seelenlesen sehr heilsam sein. Uns hat es allen sehr geholfen zu verstehen und, wenn man so will, auch zu vergeben.

GESCHICHTE AUS DER PRAXIS

Seelenauftrag »Herzen zum Leuchten bringen«

Als ich feststellte, dass ich eine Seele lesen kann, begann ich in meiner Familie, bei Freunden und Bekannten die Seelen zu lesen. Eine langjährige liebe Familienfreundin, mit einem großen Herzen, hatte es mir besonders angetan. Sie ist für mich ein Sonnenschein, ein Engel auf Erden. So zaubert sie immer wieder allen Menschen ein liebevolles Lächeln ins Gesicht und berührt aus Zauberhand die Herzen in Menschen.

Doch immer wieder kommen in ihr starke Zweifel hoch. Zweifel an der Schaffenskraft. Wenn sie sich mit anderen vergleicht, dann realisiert sie, dass sie keine großen messbaren Leistungen in ihrem Leben vollbracht hat. Keinen Sportrekord, keinen Umsatzrekord, keine Leistung in einem sichtbaren Bereich. Diese Zweifel kennen wir vermutlich alle. Doch woher stammen sie? Wer sagt uns, dass das wichtig ist? Bei ihr fanden wir heraus, dass diese Zweifel immer dann hochkommen, wenn sie sich unbewusst mit ihren Freundinnen vergleicht.

»Das Auge verführt uns dazu, Dinge zu sehen, die für einen Seelenweg nicht wichtig sind.« – BRUNO ERNI

Als ich den Seelenauftrag bei ihr lese, sehe ich eine mönchsartige Gestalt. In der Hand trägt sie an einem Stock eine Laterne. Darin brennt eine Kerze. Dank dem Licht dieser Kerze erhellt der Raum bei anderen Menschen. Auch beginnt plötzlich das Licht im Herzen dieser Menschen zu brennen und zu leuchten. Sie zündet die Herzen der Menschen mit Liebe an. Das alles macht sie in größter Bescheidenheit.

Wow, was für eine Gabe! Welch eine Fähigkeit! Es ist vermutlich auch für dich klar, was der Wunsch dieser Seele ist. Wenn wir das Leben dieser Frau nun reflektieren, dann macht sie das seit ihrer Geburt in größter Perfektion. Sie zündet mit ihrer bescheidenen Ausstrahlung, mit ihrer liebevollen Art in den Menschen das Glück, die Liebe und die Freude an. Sie berührt bei einer persönlichen Begegnung dein Herz und erhellt es. Es ist für sie so einfach, dass es nichts Besonders für sie ist. Doch wenn sie dein Licht anzünden kann, dann spürt sie dieses glückliche Gefühl in sich. Ihre Seele hüpft vor Freude und erstrahlt in der erfühlten Erfahrung.

Der Zufall wollte es, dass sie gerade heute bei uns zu Besuch kommt. Wenn sie ins Haus tritt, geht die Sonne auf. Sie ist Balsam auch für meine Seele.

Wenn ich sie frage, was sie traurig macht, dann sind es genau die Menschen, die sie im Herzen nicht erreichen und berühren kann. Man muss mit dem Seelenauftrag nicht versuchen, die Welt zu retten. Das heißt, man muss sich manchmal auch sehr bewusst abgrenzen von den Menschen, die einfach nicht leuchten wollen.

Betrachten wir diesen Seelenauftrag aus der Adlerperspektive, schnell fällt auf, hier geht es nicht um »höher, schneller, weiter«. Es geht nicht um Leistung oder um das sichtbare Erschaffen. Hier geht es um das Berühren eines

Herzens und das liebevolle Gefühl, das man dann spürt. Zurück bleibt dieser erhellte verständnisvolle Moment, der das Leben lebenswert macht.

Wir Erdenbewohner vergleichen allzu oft unser Sein mit der sichtbaren Leistung eines Menschen. Es braucht somit eine gewisse Reife für eine Seele, um einen nicht sichtbaren Seelenauftrag fühlen zu wollen. Diese Tatsache hinterlässt bei den Menschen manchmal einen inneren Vergleichskampf. Unsere Familienfreundin ist in der Zwischenzeit eine weise ältere Dame geworden. Dennoch kommt es ab und zu noch vor, dass in ihr Zweifel hochkommen. Es braucht ein tiefes Durchatmen, viel Lebenserfahrung und Vertrauen in die eigene Persönlichkeit, das zu erkennen, nur so kannst du den Seelenauftrag bewusst annehmen. Diese Zeilen sollen dir das bewusst machen. Vielleicht geht es dir ja auch so. Sobald du deinen Daseinswunsch erkennst und bewusst lebst, ist es Balsam für deine Seele! Vertraue deinen Gefühlen. Du bist endlich angekommen. Schön, dass es dich gibt!

GESCHICHTE AUS DER PRAXIS
Ich will alles entdecken!

Okay, meine Tochter ist keine wirkliche Kundin. Unsere Tochter ist zum jetzigen Zeitpunkt, wo ich dieses Buch schreibe, acht Jahre alt. Sie ist seit ihrer Geburt ein fröhliches Powergirl. Ob Turnen, Tanzen, Hüpfen, Gymnastik, Yoga, Skifahren, Schwimmen, Wandern, Rechnen, Lesen,

Lachen – es muss immer etwas unternommen werden. Ihr Geist ist sehr schnell und sehr wach. Auch möchte sie bei allen diesen Aktivitäten immer alles selbst machen. Das kann für die Eltern ab und zu eine kleine Herausforderung sein.

Viele denken, dass ich bei anderen Menschen immer gleich die Seele lese. Weit gefehlt. Oder kannst du mir sagen, welche Augenfarbe die Kassiererin in deinem Supermarkt hat? Eben. So bin auch ich nur ein Mensch.

Um das zu verdeutlichen, lade ich dich zu einem Experiment ein. Schaue dich einmal im Raum um und suche alle Gegenstände, die grün sind. Hast du alle gefunden? Schließe nun die Augen und zeige auf einen Gegenstand, der blau ist. Der Fokus folgt der Aufmerksamkeit. Dein Fokus war auf grün gerichtet, so fällt es dir schwer, das Blaue zu finden.

Wenn ich also einem Menschen begegne, dann schaue ich ihm in die Augen und nehme ihn einfach mal wahr. Ich gebe es zu, manchmal lese ich seine unbewussten Gedanken, doch um einen Seelenauftrag zu lesen, muss ich in eine Mini-Trance gehen. Und ganz offen gesagt, es interessiert mich erst, wenn ich einen Grund dafür habe.

So war es in der Tat auch bei meiner Tochter. Erst im Frühling 2016, auf einer herrlichen sonnigen Wanderung durch Wälder und über Wiesen, hatte ich Zeit, sie in Ruhe zu lesen. Ich fokussierte mich auf meine hüpfende Tochter und fragte: »Was willst du in diesem Leben erleben?«

Ich sah ein Kind, das in der Hand eine Lupe hält. Es erinnerte mich an einen Detektiv. Sie verfolgte Spuren und wollte alles ganz genau entdecken.

Das war es dann auch schon. Sie will alles ganz genau entdecken. Meine Güte, das passt wie der Deckel auf die Pfanne, wie der Faden durchs Nadelöhr. Mit diesem Wissen reflektierten wir nun ihr junges Leben und ihr Verhalten. Es war exakt so. Plötzlich ergab für uns alles Sinn. Alles, was sie macht, möchte sie zuerst und vor allem »alleine« entdecken. Selbst auf unserer herrlichen Wanderung sprang sie voraus und wollte den Weg »entdecken«.

Dabei geht es immer um das Gefühl, das die Seele fühlen will. Es braucht etwas Einfühlungsvermögen, um zu verstehen und um zu fühlen, was andere Seelen fühlen, wenn sie auf dem Seelenweg sind. Unsere Tochter empfindet beim Entdecken ein unglaublich lebendiges und schönes Gefühl. Intuitiv gaben wir unserer Tochter schon immer viel Raum. Meine Frau und ich spürten unbewusst, dass unserer Tochter das sehr wichtig ist.

Auswirkungen auf das Leben

Wie erwähnt, ist das Leben mit diesem Wissen plötzlich viel einfacher. Dazu ist es weise, wenn wir alle unsere Seelenaufträge ausleben können. Dass das Auswirkungen auf unser Leben hat, versteht sich von selbst.

Ein kleines Beispiel: Als meine Frau mit unserer Tochter im Februar 2017 nach Flums (Skigebiet in den Schweizer Alpen) einen Tag Skifahren ging, wollte unsere Tochter alle möglichen Skipisten und Skilifte entdecken und natürlich testen. Ohne das Wissen des Seelenauftrags unserer Prinzessin hätte vielleicht meine Frau unbewusst den Tag selbst anders geplant oder sie hätte ausgesucht, wo genau gefahren wird und wo nicht. Dass dies zu einem Mama-Kind-Konflikt geführt hätte, ist voraussehbar.

Es liegt nun an dir, wie du mit diesem Wissen umgehst. Je nach deiner Erziehung, deinem Glaubenssystem und deinem Seelenauftrag denkst du nun vielleicht:

- Eltern bestimmen, wo es langgeht.
- Ich bezahle, also bestimme ich.
- Kinder können die Situation nicht richtig einschätzen.
- Kinder fantasieren zu viel.
- Kinder haben zu gehorchen.
- Kinder können froh sein, dass sie überhaupt mitkommen können.
- Kinder fordern sowieso immer, ich sage, was gemacht wird.

Ich überlasse dir, was du darüber denkst. Meine Entdeckerin wollte auch die gefährliche schwarze Piste testen. Natürlich übernahm meine Frau die Verantwortung und musste nun abschätzen, ob das auch wirklich geht oder ob man das auf später verschieben muss. Die Kunst ist es, die Balance zu finden und zu halten, bis wohin ein achtjähriges Kind etwas entdecken kann. Manchmal braucht es noch etwas Zeit oder es muss noch älter werden. Und das versteht zum Glück unsere süße Maus auch.

Das Wissen der Seelenaufträge in unserer Familie schweißt uns alle enorm zusammen. Es erklärt uns unser

Verhalten, unsere Ansichten, unsere Wünsche und macht uns das Leben massiv leichter.

GESCHICHTE AUS DER PRAXIS
Nicht gelebte Seelenaufträge in Familien

Es wäre ja extrem langweilig, wenn jeder Mensch den gleichen Seelenauftrag hätte. Eine richtige Entwicklung könnte nicht stattfinden. Eine Herausforderung in der Familie wird es dagegen dann, wenn die Eltern den Seelenauftrag nicht leben oder nicht leben können.

Esther ist verheiratet und hat eine sechsjährige Tochter namens Lara. Lara ist ein richtiger Wirbelwind. Sie saust in der Welt umher, wirbelt zu Hause in der Wohnung herum und produziert aus Sicht der Mutter das nackte Chaos. Die Eltern kommen an ihre Grenzen und sind sich dazu auch nicht immer einig in der Erziehung. Oft hört man so die Worte:

– pass auf
– nicht anfassen
– hör auf
– ich sage es nur noch einmal
– sei still
– das tut man nicht
– Laaaraaaaa!
usw.

Doch das alles beeindruckt Lara nicht. Obendrein nimmt die Mutter alles viel zu persönlich und kann Lara nicht als Kind sehen, sondern mehr wie eine erwachsene Person.

Meine Aufgabe ist es nun, Verständnis in die Familie zu bringen. Ich fertige zuerst von allen Personen ein Erni-Gramm an. Aufgrund des Geburtsdatums lassen sich für mich Rückschlüsse auf die Persönlichkeit (Talente, Fähigkeiten, Schwächen, persönliche Werte) eines Menschen errechnen. Dann lese ich bei allen die Seele inklusive Seelenauftrag.

Was ich bei Lara sehe, ist selbst für mich sehr spannend: Sie möchte innerhalb weniger Sekunden verschiedene Welten erleben und deren Blickwinkel in einer sehr hohen Geschwindigkeit wahrnehmen. Sie ist wie eine kleine Realitäts-Wühlmaus, die mit 200 km/h durch den Tag saust. So taucht sie unglaublich schnell in diese verschiedenen Welten ein, wirbelt herum und wieder hinaus. Dabei empfindet sie ein riesiges Glücksgefühl.

Die Mutter hingegen hat den Seelenauftrag, durch sanfte Musik den Klang des Herzens zu fühlen. Dabei kann sie Musik selbst schreiben oder komponieren. Ob für sich oder für andere, spielt dabei keine Rolle. Was sie nun fühlt, ist die Verschmelzung einer Symbiose der Freude. Das Problem ist jedoch, sie kommt nicht dazu. Ihr Leben ist ein einziger Kampf von Kloake zu Kloake, oft krank und mit der Tochter an der Grenze des Belastbaren. Das Tempo der Mutter und das Tempo der Tochter ist komplett unterschiedlich. Die Mutter ist mit 20 km/h unterwegs, die Tochter mit 200 km/h. Die Mutter will nun jedoch ihr Tempo ihrer Tochter aufzwingen. Schließlich ist sie die Mutter, schließlich haben Kinder zu gehorchen, schließlich und überhaupt, und das jeden Tag, in jeder Situation! Immer und immer wieder, bis es die Tochter endlich begreift und ruhiger wird.

Durch dieses egogesteuerte Verhalten bleiben beide in ihrer eigenen Welt und richten sich gegenseitig Schaden an. Irgendwann wird sich das Kind aufgeben. Es gleicht dem Elefanten, der eine Kette um das Bein trägt und das Gefühl hat, angekettet zu sein. Der Elefant hat über die Jahre immer und immer wieder versucht, davon loszukommen. Doch es ging nicht. Heute glaubt es der Elefant, obwohl die Kette nirgends festgemacht ist.

Meine Fragen an die beiden Seelen lauten: Was muss die Mutter tun, damit sie es mit ihrem Kind leichter hat? Was kann man dem Kinde geben, sodass es offen auf die Mutter zugehen kann?

Esther muss ihr Kind wie ein junges, wildes, freies Pferd sehen, das im Frühling einfach auf die grüne Blumenwiese will. Sie muss ihr Kind gezielt in einem abgegrenzten Bereich austoben und ziehen lassen. Sie muss ihr Kind gezielt motivieren, fördern, loben, um die gewünschte Richtung vorzugeben. So findet für das junge Pferd eine sichere und aufbauende Erziehung statt. Das junge Pferd Lara kann die Wühlmausenergie gezielt ausleben, was durch bewusste Förderung den Zugang zur Mutter öffnet.

Beim Seelenlesen von Lara wird zudem klar, dass das Kind die Mutter spiegelt, die nicht aktiv ihren eigenen Seelenauftrag lebt. Eigentlich wäre das Kind ein Segen für die

Familie. Leider wird auch das anders wahrgenommen. Die Mutter lebt im Tempo 20 km/h, die Tochter im Tempo 200 km/h. Lara möchte unbewusst, dass ihre Mutter ein höheres Tempo annimmt und so in den Seelenauftrag kommt.

Für mich sind Kinder geniale Meister, die man nur verstehen muss. Sie erinnern sich noch an die Abmachung vor der Inkarnation. Leider haben wir verstaubten Egozentriker dann das Gefühl, die heutigen Kinder brauchen Ritalin statt Wald. Wir haben schlicht vergessen, dass unsere Kinder eine unglaublich schnelle Auffassungsgabe haben.

Die Mutter muss versuchen, ihr eigenes Tempo in Ruhe und Toleranz zu leben. Sie muss sich mehr abgrenzen und so die frei gewordene Zeit für ihren Seelenweg nutzen. Dieser macht sie glücklich und stärkt wiederum ihre Toleranzgrenze.

Doch alles Seelenlesen nützt nichts, wenn Esther beginnt, sich ihre Welt zurechtzureden. Sobald sie ins Denken, Argumentieren und Lamentieren kommt, entfernt sie sich um Welten von ihrem Herzensweg. Das Ego spielt mit uns oft Schach im Leben. Vorsicht vor dem eigenen »Schachmatt«.

GESCHICHTE AUS DER PRAXIS
Hilfe für meinen Vater

Mein Vater, 83 Jahre alt, leidet nun schon mehre Monate an starker Übelkeit. Es ist furchtbar, seinen eigenen Vater so leiden zu sehen. Nach diversen Untersuchungen bei

Ärzten kam man zu dem Schluss, dass die starke Übelkeit durch einen Candida-Pilz im Magen und der Speiseröhre ausgelöst wird. Doch auch nach Einnahme diverser Medikamente wollte die Übelkeit nicht verschwinden. Der Candida-Pilz hat eine mächtige Auswirkung auf die Psyche. So kam zur Übelkeit auch eine kraftvolle Depression hinzu. Dunkle Wolken trübten den Gedankenhimmel. Der Zustand war wortwörtlich übel.

Es ist Montag, 16 Uhr, ich besuche meinen Vater. Wir sitzen am Tisch und trinken Tee. Er blickt erschöpft, müde und traurig zu Boden. Warum geht die Übelkeit nicht weg? Die Medikamente hätten längst Wirkung zeigen müssen. Er hebt den Kopf und sagte: »Ich habe vermutlich zu viele Medikamente genommen. Es ist mir immer noch schlecht und ich müsste noch mehr Medikamente nehmen, doch die Magenwand hält das nicht mehr aus.« Seine körperlichen Kräfte haben ebenfalls deutlich abgenommen.

Was soll ich bloß tun? Er ist 83 Jahre alt und hatte vor zwei Jahren eine Streifung. Eine Streifung, auch Transiente ischämische Attacke (TIA) genannt, ist die Folge einer plötzlich auftretenden, jedoch vorübergehenden Durchblutungsstörung eines Hirnareals. Er hatte Glück im Unglück. Dennoch hinterließ dies seine Spuren am Körper. Ich spüre, dass auch ich nur ein Mensch bin. Mein Herz schlägt schneller. Ich fühle meinen Puls. Was, wenn ich mehr Schaden anrichte, als ich helfe? Ich beobachtete meine zweifelnden Gedanken. Wer spricht da in meinem Kopf so ängstlich? Wenn ein Kunde vor mir sitzen würde, dann hätte ich niemals solche Gedanken. Ich würde ganz normal beginnen zu behandeln. Ich würde mir und meinen Fähigkeiten vertrauen!

Mit einem tiefen Atemzug sammele ich mich, blicke zu meinem Vater und sage: »Ich bin gekommen, um zu helfen.« Schließlich ist es mein Seelenauftrag, dazu kenne ich jetzt hier und heute niemanden, der meinem Vater besser helfen könnte als ich. Wenn ich es jetzt nicht mache, dann verpasse ich eine wichtige Chance für ihn, damit er schnellstmöglich wieder gesund wird.

Ich bitte meinen Vater aufzustehen und stelle mich vor ihn hin, schließe die Augen und aktiviere meine mentalen Kräfte.

»Papa, wir machen jetzt ein kleines Experiment. Ist das okay für dich?« Mein Papa nickt und wartet. Ich frage ein letztes Mal mit dem Körperpendel ab (weiter hinten im Buch beschreibe ich dir das Körperpendel, er dient dir als Entscheidungshilfe), ob das, was ich gleich mache, wirklich okay ist. Es kommt ein klares »Ja«.

In einer Minitrance nehme ich meinen linken Daumen und tue so, als würde ich seine Bauchdecke aufschneiden. Ich klappe seinen Bauch auf und nehme seinen Magen ganz vorsichtig in die Hände. Ich beruhige ihn. Ich umfasse den Magen und beruhige ihn wie ein kleines Kind, das traurig ist. Ich lasse dabei heilende Energie aus meinen Händen fließen. Ich hülle den Magen in eine grüne Energie. Ich lasse aus meinem Herzchakra Liebe fließen. Ich verbinde seinen Magen mit seinem Herzen und der Liebe. Irgendwann kommt der Impuls: »Alles okay!« Ich lege den

Magen wieder an den richtigen Ort im Körper zurück. Genau dasselbe wiederhole ich mit der Speiseröhre und schließe dann den Bauch. Ich habe zum einen die Organe behandelt und zum anderen die Seele oder die Blaupause der Organe synchronisiert.

Lieber Leser, dass wir uns richtig verstehen: Alles verlief berührungsfrei und im vollen Bewusstsein meines Vaters.

Ich frage: »Hast du etwas gespürt?« Die Antworten sind hier immer unterschiedlich. Die meisten Menschen, wie auch mein Vater, fühlen nach so einer Behandlung ein wohliges und entspanntes Gefühl. Als wäre etwas wieder so, wie es sein muss. Es wird ein Urvertrauen geweckt. Die Organe sind beseelt. Manchmal sagen Kunden, es fühle sich wieder »satt und kompakt« an.

Dann bitte ich meinen Vater, sich auf einen Stuhl zu setzen, sodass ich seine Chakren und seine Wirbelsäule gut behandeln kann. Wenn ich die Chakren anstoße, berühre ich auch hier die Kunden nicht. Meine Hände gleiten von unten nach oben. Die Chakren sind energetische Organe. In unserer westlichen Schulmedizin werden sie für die Genesung nicht berücksichtigt. In der chinesischen traditionellen Medizin gehören sie zum Genesungsprozess hinzu. Aus meiner Sicht ist der Körper der letzte sichtbare Teil im ganzen Prozess. Wenn es am Körper zwickt, dann hat die Seele schon zweimal geklingelt. Schwingt eines der sieben Hauptchakren nicht optimal, dann hat das früher oder später Auswirkungen auf den Körper.

So habe ich beobachtet, dass gewisse Medikamente die Chakren beeinflussen. Psychopharmaka, wie Antidepressivum, können Chakren reduzieren oder »betäuben«. Der Klient spürt das und beginnt, anders zu denken. Jeder Therapeut hat eine andere Behandlungskraft. Dazu reagieren die Chakren bei jedem unterschiedlich. Behandelt man einen Menschen, der Psychopharmaka einnimmt, muss man in diesem Zusammenspiel extrem feinfühlig vorgehen, da das Chakra gänzlich anders reagiert. Mit diesem Bewusstsein aktiviere ich meine Handchakren und beginne sanft, bei meinem Vater die richtigen Chakren zu harmonisieren. Schnell spürt auch er die Energie fließen. (Ich gehe hier bewusst nicht auf die Chakren ein, da dieser Teil schnell ein ganzes Buch füllen würde.) Zum Abschluss berühre ich meinen Vater mit der rechten Hand im Kreuz und der linken Hand am Hals. Ich durchflute seine Wirbelsäule mit kraftvoller Lebensenergie. Dann bin ich fertig. Ich blicke ihm in die Augen. Sie wirken klarer. Seine Energie ist spürbar stärker.

»Wie geht es dir?«, will ich von ihm wissen. Er blickt mich erstaunt an. »Die Übelkeit hat deutlich abgenommen.« Ein Lachen erhellt sein Gesicht. Wir stehen auf und umarmen uns.

Dann sage ich einen entscheidenden Satz, den ich nur sagen darf, weil er mein Vater ist: »Du wirst sehen, in zwei Tagen fühlst du dich topfit und bist komplett gesund.« Ich spüre, wie mein Vater das glauben kann. Er spürt schon jetzt, dass es ihm deutlich besser geht.

»Wie machst du das?«, will er wissen. »Du bist ein Zauberer!« Er kann es nicht verstehen. Wir müssen lachen und freuen uns sehr darüber.

»Weißt du, Paps«, sage ich, »früher hast du mir geholfen, heute helfe ich dir. Das ist der Kreis des Lebens. Dafür hast du mich gezeugt.« Wir lachen wieder.

Bereits am nächsten Morgen klingelte mein Telefon. »Bruno, du bist mein Held, mir geht es blendend. Wie hast du das gemacht? Ich bin wieder gesund! Ich bin wieder gesund! Es ist genau so gekommen, wie du es gesagt hast!«

Und so blieb es auch nach dem zweiten Tag, nach einer Woche, nach einem Monat, nach einem Jahr. Es ist natürlich für mich ein wundervolles Geschenk, dass meine Behandlungen bei ihm so gut angeklungen sind.

Die Zeichen verstehen:
Zehen – Platten – Plombe

Es ist Montag, 12. Dezember 2016, acht Uhr. Draußen ist es frisch geworden. Dennoch entschließen wir uns, unser Cheminée (Kamin) zu ersetzen. Abwechslung tut gut, und so helfe ich dem Handwerker, die Steine hinauszutragen. »Ganz schön schwer«, denke ich, und schleppe Stein um Stein in die Tonne. Langsam schwinden meine Kräfte in den Händen, die in der Regel sehr feine Arbeiten verrichten. Dennoch schnappe ich mir nochmal einen großen Brocken. Ich klemme die Hand um den Stein und spüre, wie er mir langsam, aber sicher entgleitet. Zu schwer ist zu schwer und schon fällt er Richtung Boden auf unseren Wohnzimmerboden. Geistesgegenwärtig reagiert es in mir und ich schiebe reflexartig meinen rechten Fuß unter den fallenden Stein, damit unsere weißen Bodenplatten ohne Schaden bleiben. Ich bin immer wieder selbst erstaunt, wie schnell ich unbewusst reagieren kann. So finde ich mich richtig gut.

Doch in dem Moment kommt der schwere Steinbrocken schon auf meinem Fuß an. Genauer, auf meinem großen Zeh. Innerhalb von Sekunden stelle ich fest, dass mein Fuß den Puffer bildet, um den Boden perfekt zu schützen. Ich realisiere auch, dass ich die falschen Schuhe trage, denn mein Zeh schreit vor Schmerzen »Halleluja«! Humpelnd krieche ich nach draußen, setze mich auf den Boden und ziehe den Schuh und die Socke aus. Wie kann ein Zeh so schnell so blau werden.

Heilend lege ich meine Hände um den leuchtend armen Zeh und entschuldige mich bei ihm. Ich scanne ihn, ich habe das Gefühl, er ist noch ganz. Nach Minuten des Surrens geht es dann plötzlich besser. Gut gemacht, Herr Erni. Dennoch bleibt bis heute ein blaues Souvenir zurück. Es wird noch ein paar Monate dauern, bis der Zehennagel herausgewachsen ist.

Ich mache mir kurz Gedanken darüber, warum mir das passiert. So denke ich, dass ich eventuell die Arbeit hätte delegieren müssen. Ich bin beim Gedanken- oder Seelenlesen besser zu Hause als auf dem Bau.

Es ist Donnerstag, 26. Januar 2017, 11:35 Uhr: Ich fahre mit dem Auto von der Praxis nach Hause. Plötzlich, ein seltsames Geräusch. Ich drehe die Musik leiser und lausche. Hat mein Auto einen Platten? Das Auto zieht massiv nach links. Ich muss das Steuerrad fest in den Händen halten. Anhalten ist im Stadtverkehr unmöglich. Dazu kommt, wenn ich anhalte, verliere ich unnötig Zeit für den Weg zu einer Garage. Ich fahre mit Herzklopfen weiter und überlege, an welcher Tankstelle oder Garage es eine Luftsäule gibt. Nach unendlichen Minuten im Stadtverkehr halte ich endlich an einer kleinen Tankstelle an. Ich steige aus und betrachte den vorderen Reifen. Total platt! Glücklicherweise ist hinter der kleinen Tankstelle gleich eine Garage. Auf den Felgen fahre ich um 11:45 Uhr vorsichtig und langsam zum Garagentor. Ich habe Glück und kann meinen Lexus auf den Auto-Lift bewegen. Es stellte sich heraus, dass nur das Ventil defekt ist. Punkt 12 Uhr, die Garage schließt und ich habe vier neue Ventile an meinen wieder vollen Pneus. Als wäre nichts geschehen, setze ich meine Fahrt nach Hause fort. Ich bin sehr dankbar, dass ich so ein Glück hatte. Muss ich das nun hinterfragen? Na gut, der Besitzer des Autos, also ich, ist etwas auf den Felgen, das würde schon passen, doch man kann es auch übertreiben mit dem Hinterfragen.

Dienstag, 14. Februar 2017, 9:30 Uhr: Ich bin auf dem Weg in die Praxis. Plötzlich höre ich wieder dieses seltsame Geräusch. Musik aus, Ohren auf. Ja, es ist eindeutig. Das Auto zieht wieder massiv nach links. Wieder Platten. Der Weg in die Praxis ist jedoch noch weit. Ich zirkle mit reduziertem Tempo durch den Stadtverkehr. Hinter mir hupende Autos. Noch vier Kurven. Ich schaffe das. Langsam parke ich auf meinem Parkplatz vor der Praxis. Es hat alles gereicht, ich bin pünktlich für meinen 10-Uhr-Kunden bereit. Der Zufall will es, dass auch hier ein Garagist gleich um die Ecke ist. Über Mittag versuchte er, Luft in meinen platten Pneu zu pressen. Vergebens. Die Luft kommt zwischen dem Pneu und der Felge wieder heraus. Es wundert mich nicht, nach einer so langen Fahrt durch die Stadt.

Ich parke mein Auto wieder auf meinem Parkplatz, informiere meine Frau, damit sie mich am Abend abholen kommt. Schnell werden vier neue Pneus bestellt. Mein Auto ist bereits ab Freitagabend wieder einsatzbereit. Mittwoch und Donnerstag ohne Auto waren für mich eine Herausforderung. Zum Glück konnte ich das Auto meiner Frau benutzen.

Okay, ich gebe es zu. Es war schon seltsam, dass dem Reifen wieder die Luft ausging. Irgendwie jedoch auch logisch, denn es war ja wieder der gleiche Pneu, so dachte ich. Nun gut, alles repariert, das Leben geht weiter.

Samstag, 18. Februar 2017, 17 Uhr: Ich besuche und behandle Thomas im Spital. Die bewegende Geschichte von Thomas findest du weiter vorn im Buch. Ich spüre, dass ich ausgepowert bin. Meine Woche war sehr voll. Jetzt noch schnell einen Sondereinsatz. Es geht bei Thomas um sein Leben. Ich komme in sein Zimmer. Er liegt im Bett. Sein Atem ist sehr unregelmäßig. Ich sitze an seinem Bett und halte seine Hand. Plötzlich kneift er die Augen und sein Gesicht zusammen. Eine Schmerzwelle überkommt ihn, die auch ich sehr deutlich spüre. Oje, es ist einfach grässlich, einen lieben Menschen so leiden zu sehen.

Die Zimmertür geht auf und seine Frau kommt herein. Ich begrüße sie und greife nach einem gelben Bonbon auf dem Tisch. Lecker! Doch irgendwie knirschte es in meinem Mund. Meine Zunge fühlte Zahn für Zahn ab und tatsächlich, eine alte Amalgam-Plombe hinterlässt eine große Lücke im Zahn. Ich nehme das Bonbon aus dem Mund. Die Plombe klebt tatsächlich im Bonbon.

Ich fahre nach Hause. Die Zunge ständig im Zahnloch. Was geht hier vor? Stein auf meinem Fuß mit blauer Zehe, zweimal Platten am Auto und jetzt eine Plombe draußen? Es gibt keine Zufälle!

Sonntag, 19. Februar 2017: Wir haben mit unserer Familie einen Skitag geplant. Nach Rücksprache mit meiner Frau klinke ich mich für diesen Tag aus. Ich brauche Zeit für mich, um zu spüren und zu reflektieren, was los ist. Im Laufe des Tages mache ich mehrere Meditationen und reflektiere meine Jahresplanung.

Der zweite »Jenseits der Logik«-Kongress, Healer Confirmations Day, die neuen Seminare zu diesem Buch, unser neues Seminar- und Praxishaus einrichten, Online-Akademie aufbauen, dazu Familie und vieles mehr. Okay, wenn ich das alles so von außen betrachte, dann habe ich viel zu viel Druck in meinem Leben.

Man kann darüber lachen, doch für mich war es eine große Erkenntnis. Rückblickend war der Stein auf meinem Zeh das Signal: Junge, mach etwas langsamer.

Die beiden Platten: Sieh es doch endlich ein, du bist müde. Weniger ist mehr. Reduziere dein Tempo.

Rausgefallene Zahn-Plombe: Beiß dir nicht die Zähne aus, genieße lieber deine Familie und das Leben.

Als ich an diesem Sonntag entschleunigte und entschied, vieles zu streichen oder zu verschieben, fühlte ich plötzlich eine große Leichtigkeit in mir hochkommen. Als hätte jemand einen Zauberstab bewegt, fiel spürbarer Druck weg. Am Abend fühlte ich mich frei und leicht, wie nach einer Woche Ferien.

Als ich im Februar einer lieben Freundin erzählte, dass ich zweimal einen platten Reifen hatte, erzählte sie mir: »Du glaubst es nicht, mir ist das Gleiche passiert. Ich bin an einer Mauer gestreift und habe den Pneu aufgeschlitzt.«

Als ich ihr Ende Februar erzählte, ich habe mir eine Plombe rausgebissen, sagte sie: »Du glaubst es nicht, mir ist das Gleiche passiert!« Wir mussten lachen und fühlten uns mit diesen unglaublichen Parallelen lustig verbunden. Doch letzten Donnerstag erreichte mich dann diese SMS von ihr:

»Könnte etwas Bruno-Energie gebrauchen ... hatte am Sonntag einen schweren Reitunfall und habe den Rücken gebrochen.«

Meine Gefühle fuhren Achterbahn. Ich rief umgehend an und wollte helfen. Als sie ihren Namen hauchte, klang sie wie ein anderer Mensch. Ihre ständige sprudelnde positive Art, die ich seit 20 Jahren so liebe, war weg. Ich konnte nicht glauben, was sie mir erzählte. Sie fiel vom Pferd. Glücklicherweise ist sie nicht gelähmt, doch sie bekam einen künstlichen Wirbel und wurde seither zweimal kompliziert operiert.

Als wir unser Gespräch beendeten, war ich wie benommen und verwirrt. Als hätte mir jemand mit der Faust ins Gesicht geschlagen. Oh mein Gott. Erst jetzt realisierte ich die Tragweite meiner Signale. Ich habe es erkannt, sie nicht. Wie gern hätte ich das für sie geändert, doch es war zu spät.

Ihre Seele hat sich nun mit diesem Unfall viel Zeit geholt. In mir entwickelte sich eine Stimmung aus Trauer und Dankbarkeit. Trauer um einen lieben Menschen. Dankbar, dass mir das nicht passiert ist. Ich ging in einen Blumenladen und kaufte meiner Frau rote Rosen. Zu Hause übergab ich ihr die Blumen mit den Worten: »Ich liebe dich über alles!« Betroffen erzählte ich ihr die Geschichte.

Ich weiß nicht, ob du lieber Leser, das verstehen kannst. Es gibt immer wieder solche Seelenzeichen in unserem Umfeld. Die Kunst ist, diese Zeichen zu erkennen. Deine Seele kannst du nicht belügen oder austricksen. Nicht jeder Windstoß löst gleich einen Orkan aus. Es braucht diese Weisheit in uns, es selbst zu erkennen, ohne dass ich alles gleich hinterfragen muss. Es braucht die Achtsamkeit, die Erlebnisse in unserer hektischen Welt ernst zu nehmen. Oft sind wir zu viel im Außen getrieben und hören so unsere innere Stimme nicht mehr. Die ständige Erreichbarkeit, die SMS, WhatsApp, Mails, Internet oder Werbung verzerren den Fokus und so die Klarheit unseres inneren Bergsees. Es macht unser Bauchgefühl blind. Und wenn wir dennoch das Bauchgefühl oder das Herz hören, dann können viele wieder nicht »Nein« sagen. Sie haben ein schlechtes Gewissen oder es sind »die Umstände«, die es einfach nicht zulassen. »Wie soll ich das meinen Kollegen bloß erklären? Die würden das nie verstehen.«

Als ich die Geschichte meiner sehr geschätzten Kollegin in meinem Seminar erzählte, meldete sich eine ältere Frau zu Wort. Sie war sichtlich erregt: »Ich hatte letztes Jahr an einem Tag zweimal einen Platten! Am Morgen und am Abend auf der Autobahn!« Sie wiederholte: »Am gleichen Tag, zweimal Platten! Kurze Zeit später fiel ich die Treppe hinunter und stauchte mir den Rücken. Jetzt fiel es mir wie Schuppen von den Augen«, sagte sie. »Ich muss mehr auf mich hören. Ich muss mehr auf das spüren, was mein Herz sagt! Danke, lieber Bruno, danke für diese wertvolle Geschichte und gute Besserung deiner lieben Freundin! Sie hat mir die Augen geöffnet.« Als wir sie ansahen, hatte man das Gefühl, als hätte sie eine tiefe Erkenntnis. Ich bekam eine Gänsehaut.

Es ist sehr wichtig, dass du stets auf deine Seele hörst, um gesund und glücklich zu sein. Du benötigst dein eigenes Tempo für den Seelenweg. Nur so bist du im Zentrum der Kraft. Im Auge eines Wirbelsturms herrscht absolute Stille. Nur dort herrscht absolute Ruhe und Leichtigkeit. Außerhalb tobt das Chaos.

Wenn der Körper spricht, kannst du es in der Seele lesen

Bestimmt hast du auch schon von einem gestressten Manager mit Herzschmerzen gehört. Er nimmt eine Pille, um die Schmerzen zu reduzieren, und gibt weiterhin Vollgas. Wir beide wissen, es wäre besser: In die Ruhe kommen, Hand aufs Herz legen und sich fragen: »Herz, was willst du mir sagen?« Mit großer Wahrscheinlichkeit hätte er dann gehört: »Schalte einen Gang zurück, dein Körper braucht eine Pause, wir laufen am Limit.«

Es ist, als wenn die Ölleuchte im Auto am Armaturenbrett rot aufleuchtet und ich einfach etwas darüberklebe, damit ich das Problem nicht mehr sehe. Früher oder später wird sich der Motor überhitzen und sich seine Pause holen.

Jeder Schmerz im Körper hat eine Ursache, eine Wurzel. Nichts geschieht zufällig. Alles beginnt im feinstofflichen Bereich. Der Körper ist wie eine letzte Schalenschicht. Darum kann ich es ja im Feinstofflichen lesen. Weise ist somit, wenn du deinen Körper an dieser Stelle fragst: »Was willst du mir damit sagen?«

Ich weiß, und du hast recht, ich wiederhole mich: Wenn eine Balletttänzerin Bodybuilderin werden muss, dann ist sie dafür komplett ungeeignet. Sie wird nie eine gute Bodybuilderin. Die Balletttänzerin würde das auch nie wollen. Unser Schulsystem ist jedoch exakt so aufgebaut. Wir müssen Dinge lernen, die uns nicht interessieren, die wir später nie brauchen. Schlimmer noch, wir werden daran gemessen, ob wir intelligente oder dumme Menschen sind.

Noch viel trauriger ist, dass viele Menschen das dann glauben. Unser Schulsystem ist hier also komplett ungeeignet. Die klar bessere Lebensformel ist:

Lerne in deinem Leben, wie du am besten lernst und lerne dann, was dich begeistert.

Wobei geht dein Herz auf? Schreib es gleich jetzt auf ein Blatt Papier.

Unbewusste Gedanken richtig lesen

Kommen wir zurück auf die drei Energiefelder zwischen deiner Seele und deinem Kopf. In diesen Feldern werden deine unbewussten Gedanken sichtbar. Neben der Intensität der Energie kann man sich hier kleine GIF-Bilder (bewegte und animierte Symbolbilder) zeigen lassen. Das gesehene Bild wird aufgrund der konkreten Frage erzeugt. Dabei spielt es keine Rolle, ob ich das in Gedanken ausspreche oder laut sage. Logisch, dass ich vorab meine Gehirnfrequenz reduzieren muss, um hier etwas zu sehen. So gleicht dieses »Sehen« eher dem Sehen mit der Stirn (drittes Auge) anstelle der physischen Augen.

Dazu ein Beispiel: Bestimmt erinnerst du dich an die Geschichte von Toni (Toni-Methode). Bei ihm fragte ich mental (also nur in Gedanken): »Was ist jetzt wichtig für Toni?« Dabei blickte ich in den privaten Bereich und wartete auf ein Bild. Ich sah zwei Eheringe schön nebeneinander. Ich wusste, dass es um die Ehepflichten ging. Der eine Ring war stärker sichtbar als der andere. Ich ersah daraus, dass einer der beiden die Ehepflichten vernachlässigt. Bei Toni war das sehr deutlich zu erkennen. So fragte ich ihn, ob er seinen Ehepflichten nachkomme.

Interessanterweise verstehen die Betroffenen die Frage meist nicht sofort, sonst würden sie es ja umsetzen. So fragte auch Toni mich zurück: »Wie meinst du das?«

Ich: »Zusammen mit dem Ehepartner Zeit verbringen. Ein romantisches gemeinsames Essen, ein guter Tropfen Wein, spazieren, kuscheln, Sex, reden, Gespräche führen, ausgehen, Kinoabende, Ferien planen, Ferien machen oder die private Zeit liebevoll zusammen verbringen.«

Toni verneinte nachdenklich: »Mache ich klar nicht mehr.«

Nun hat jeder Mensch einen freien Willen. Niemand muss nach dem unbewussten Gedankenlesen etwas verändern. Wer jedoch nichts verändert, muss sich nicht wundern, wenn alles beim Alten bleibt. Erkenntnis daraus ist der beste Weg zur Änderung. Die Änderung selbst muss hingegen wieder jeder selbst durchführen. Das ist doch das Schöne im Leben. Toni wurde blass und blickte betroffen zu Boden.

Was mich bei Toni so berührte, war, dass er extrem schnell ins Handeln kam. Er nahm sein Handy aus dem Jackett, öffnete seinen Kalender und organisierte auf der Stelle ein Abendessen mit seiner Frau beim Italiener. Viel zu lange hatte er das nicht mehr gemacht. Ob Ehepflichten schnell oder langsam umgesetzt werden können, hängt natürlich von Fall zu Fall ab.

Möchte ich weitere Hinweise aus den Energiefeldern wissen, dann stelle ich die nächste Frage. Meine Fragequalität ist entscheidend für das, was ich sehe. Alle Fragen stammen aus der linken logischen Gehirnhälfte. Das Sehen wiederum funktioniert ausschließlich über die rechte kreative Gehirnhälfte. Es ist daher ein klassisches Zusammenspiel zwischen links und rechts. Die Kunst ist hier, dass man die Gehirnfrequenz tief halten kann.

Gern wiederhole ich mich an dieser Stelle. So wie jeder rechnen und schreiben lernen kann, kann auch das innere Sehen wirklich jeder Mensch lernen. Es braucht keine besondere Gabe, es muss nicht in den Genen vererbt werden und man muss auch keine Zaubersprüche lernen. Der einzige Zauber ist das Bewusstwerden der eigenen Fähigkeit. Es gleicht dem Telefonieren. Wir sprechen und hören zu. Wir fragen und empfangen. Der Schlüssel liegt ganz allein in der Reduktion der Gehirnfrequenz.

Wenn ich mit diesem Wissen unsere Kulturen recherchiere, dann gab es schon immer einen meditativen Trancetanz. Sei es ein spiritueller Schamanentanz bei den Indianern, den Mayas oder den Aborigines. Es ging immer nur um die Reduktion der Gehirnfrequenz. Manche Menschen müssen dazu den Körper rhythmisch bewegen, gedankenreduzierende Zaubertees schlürfen, duftvolle Räucherstäbchen inhalieren oder einfach die absolute Stille genießen.

Aus der Psychologie wissen wir, dass wir nicht alle über den gleichen Sinneskanal wahrnehmen. Die hier beschriebene Version geht über das Sehen, Fühlen und Wissen. Wenn du keine Symbole wahrnimmst, was ist es dann? Was ist dein Hauptsinneskanal? In meinem Hörbuch *Die AHA-Expedition – Die 7 Geheimnisse beliebt und einflussreich zu sein* beschreibe ich das sehr ausführlich. Wir sprechen und denken auch über unseren Sinneskanal. So findest du deinen Sinneskanal:

Denke einmal an deine letzten Ferien, was nimmst du wahr?

- Siehst du die Palmen oder das Meer?
- Hörst du die Wellen oder das Rauschen der Wälder?
- Riechst du das Meer, das Essen oder die Natur?
- Fühlst du den Wind auf deiner Haut? Spürst du es warm oder kalt?
- Schmeckst du das salzige oder das scharfe Essen?
- Fühlst du die Stimmung unter den Touristen oder die deines Partners?

Irgendwo nimmst du am meisten wahr. Wenn du das gefunden hast, adaptiere es auf dich und die Energiefelder. Lerne spielerisch mit diesen Feldern umzugehen. Mal liegst du falsch, mal liegst du richtig. Es ist keine Meisterschaft, es ist ein hilfreiches einfaches Instrument, damit du ein leichteres und lockeres Leben hast. Werde auch du zum neutralen Dolmetscher von unbewussten Gedanken oder der Seelen.

Einstein-Schlaufe

Ein gesundes und glückliches Leben erhalte ich, wenn ich mein Selbstbewusstsein stärke und mich in Liebe annehmen kann. Um meinen Seelenweg zu erreichen oder mein wahres Potenzial zu entfalten, muss ich mir bewusst sein, dass jeder von uns im Leben Schicksalsereignisse, Glaubensdogmen und Glaubenseinengungen erlebt hat.

Aus der Forschung weiß man, dass Kinder bis zum sechsten Lebensjahr alles ungefiltert ins Unterbewusstsein aufnehmen. Ich bin weiter der Meinung, viele Spielfilme, Ballergames und brutale oder negative Märchen reduzieren ebenfalls unser Potenzial. Sie nähren den Nährboden für Angst, destabilisieren unsere Psyche und das Nervensystem.

Unbewusste Erinnerungen aus Vorleben, unsere Eltern und somit unsere Vorfahren entscheiden über den Start ins Leben, wie unser Verhalten und Denken später unbewusst funktioniert. Glücklicherweise haben wir einen freien Willen und unsere Kraft der Geburtsenergie. So kann, egal welche Vergangenheit ein Mensch hat, jeder täglich neu wählen und entscheiden. Spannend sind solche Geschichten immer bei Zwillingen zu beobachten. Obwohl sie die gleichen Eltern haben, kann der eine sich als Versager fühlen und der andere seine Chance zum Champion nutzen.

Laut einer Studie der amerikanischen Harvard-Universität hört jeder Mensch bis zu seinem 18. Lebensjahr im Durchschnitt 180 000-mal das Wort »Nein« beziehungsweise eine negative Suggestion. Dazu kommen täglich noch ca. 22 weitere negative Sätze hinzu. Sätze wie: »Das kannst du nicht!«, »Dafür bist du zu klein/zu groß/zu alt/zu jung!« oder »Das klappt nie!«, »Du bist doof«, »Hör auf«, »Sei ruhig« usw.

Diese Suggestionen werden durch die häufigen Wiederholungen zu unseren Glaubenssätzen – wir glauben selber, was wir denken. Was wir glauben, ziehen wir wie ein Magnet in unser Leben. Das hat nichts mit dem Seelenauftrag oder deiner Bestimmung zu tun. Unser reduzierter Glaube erschwert die Umsetzung des Seelenplans. Das wiederum reduziert unser Selbstbewusstsein, fördert das Schuldgefühl und nährt die Angst.

Schon Marc Aurel (römischer Kaiser und Philosoph) hatte erkannt: »Wir sind das Ergebnis unserer Gedanken.« Ich ergänze gern: Glaube nicht alles, was du denkst!

Denn alle diese Gedanken bringen viele Menschen vom Seelenweg ab. Dich jedoch nicht, du weißt ja nun, wie du wieder auf deinen Seelenweg kommen kannst.

Doch alles ist relativ, das wusste schon Albert Einstein. Das heißt, es gibt verschiedene psychologische Mechanismen und Ansichten zwischen der inneren und äußeren Welt eines jeden Menschen. Je nach Standpunkt der Betrachtungsweise kann jeder seine ganz persönliche Welt der Realität beeinflussen und per sofort verändern. Der Fokus folgt der Aufmerksamkeit und stärkt das Gesetz der Resonanz. Ob erfolgreicher Unternehmer, Selbstständiger oder Angestellter, ob König, Königin, Kaiser, Kaiserin, ob Kind, Hausfrau, Hausmann oder einfach als Mensch, wir durchlaufen immer diese vierstufige »Einstein-Schlaufe«, wie ich sie gern bezeichne. Sie hat Wurzeln in der Psychologie sowie der Hypnose. In jedem Bereich kannst du »erschaffen«. Hier die Schlaufe:

1. Gedanken
2. Körper
3. Erfahrung
4. Glauben/Prägung
   Dann beginnt es wieder bei Punkt eins

Denke an eine Banane! Denke an ein Fahrrad! Denke an einen Polizisten! Denke an einen Terroristen! Spannend ist, dass wir bei allen vier genannten Aussagen vermutlich sehr ähnliche innere Bilder haben, auch beim Terroristen. Viele sehen beim letzten Punkt einen bärtigen Taliban oder IS-Krieger. Doch entspricht das der Realität? Natürlich nicht. Obwohl wir glauben, einen freien Willen zu haben, suggerieren uns die regionalen Medien, wie etwas auszusehen hat. Spannend ist, dass wir bei den Worten Umsatz, Erfolg, Geld, Gewinn, Vertrauen, Liebe, Beziehung, Sicherheit, Freiheit alle unterschiedliche innere Bilder haben.

Bereich 1 – Deine Gedanken

Unser Unterbewusstsein denkt in inneren Bildern und Gefühlen. Du denkst täglich ca. 60 000 Gedanken. Davon sind lediglich ca. 5000–8000 Gedanken pro Tag neu. Pro Jahr denkst du somit ca. 20 Millionen Gedanken, das ist pure Energie. Doch worauf fokussiert sich dein Hirn? Beispiel: Denke bitte nicht an einen pinken Elefanten. Oje, schwupps, schon zu spät. Es ist somit wichtig, das wir bewusst das denken und sagen, was wir auch wollen. Nähre das Gesetz der Resonanz mit gewünschten Wiederholungen sowie immer und immer wieder mit großen positiven Visionen.

Bereich 2 – Dein Körper

Was du denkst, erlebst du früher oder später am Körper. Beispiel: Stell dir vor, wie du vor deiner Lieblingsmahlzeit sitzt und jetzt eine gefüllte Gabel davon zu deinem Mund führst. Mmhh ... eventuell läuft in deinem Mund der Speichel freudig zusammen. Anders bei einem Teller voller glitschiger Würmer. Stell dir vor, wie du nun diese zappelnden Tiere auf der Gabel zum Mund führst. Ein ganz anderes Gefühl im Körper.

Erfolgsmenschen benutzen oft unbewusst diese positiven, aufbauenden, inneren Bilder und Gefühle. Sie speichern sie, wie aus dem NLP bekannt, im Körper ab. Beispiel: Steh bitte auf, lass dabei den Kopf und die Schultern hängen, Blick auf den Boden und gehe etwas in die Knie. Sage dir jetzt: »Ich bin erfolgreich!« Das glaubst du nicht. Also, Brust raus, Schultern nach hinten, Blick und Beine gerade. Fäuste ballen und die Arme nach oben. Rufe nun laut: »Ich bin ein König/eine Königin!« Dein Herz schlägt schneller, dein Atem wird lebendiger. Ein ganz anderes Gefühl. Balle bei Erfolgserlebnissen bewusst die Faust des Champions, so wie damals Boris Becker mit der Beckerfaust oder heute Roger Federer.

Bereich 3 – Deine Erfahrung

Was wir erfahren haben, ist das Ergebnis unserer Gedanken und der Erlebnisse aus dem Körper. Bestimmt kennst du die mahnende Aussage: Vorsicht vor der heißen Herdplatte. Eine gut gemeinte Ermahnung von Eltern an Kinder. Trotzdem prüfe deine bisherigen Erfahrungen kritisch, denn oft stimmen sie nicht mehr. Gestalte die Erfahrung der Zukunft. Ich setze mir dafür gern Jahresziele. So wächst meine neue Erfahrung konstant mit.

Bereich 4 – Dein Glauben

Alles, was wir erfahren haben, beginnen wir zu glauben. In der Kindheit wurde uns hier vieles ungeprüft in die Wiege gelegt. »Man muss hart arbeiten fürs Geld.« »Sei schön artig, sonst straft dich Gott!« »Du kannst nicht alles haben.«

»Reiche Menschen sind arrogant.« Wie willst du da jemals reich und glücklich werden? Was glaubst du über deine aktuelle Situation oder deinen Job? Menschen, die viele NEINs oder Abweisungen im Leben erfahren haben, nehmen diese Ablehnung oft persönlich. Ein flaues Gefühl im Magen bleibt. Das prägt, wird zur Erfahrung und wir beginnen es zu glauben.

Bremsende Glaubenssätze oder Prägungen können wir heute mit sehr einfachen Techniken innerhalb weniger Sekunden aus unserem energetischen Feld löschen. So wie die Angst vor Spinnen. Wie das in drei Atemzügen geht, findest du in meinem Buch: *Jenseits der Logik – Mit der Kraft der Gedanken persönliche Grenzen sprengen* oder auch in meinen Seminaren. Hier finden, lernen und löschen wir diese Prägungen per sofort auf der Seelenebene. Meine Kunden spüren das in den darauffolgenden Wochen sehr deutlich. Viele fühlen sich komplett anders. Trauen sich plötzlich mehr zu, fühlen sich angekommen im Leben und bauen den eigenen Glauben mit den aktuellen Erfahrungen neu auf.

Die »Einstein-Schlaufe« beginnt nun wieder von vorn. Du weißt jetzt, wo du deine Realität optimieren kannst oder wo die Angst vor Ablehnung geändert werden kann. Clevere Seelenbesitzer verbessern sich aktiv in vier Bereichen:

1. Positives und gezieltes Füttern der 60 000 Gedanken.
2. Den Körper bewusst für den Erfolg einsetzen.

3. Ziele setzen, um eigene positive Erfahrungen zu erleben.
4. Handbremsen lösen und an das Unmögliche glauben.

Tägliche innere Wortwiederholungen wirken Wunder:

- Ich bin ein König und Kaiser (Königin/Kaiserin) in meinem Leben.
- Ich bin erfolgreich und ziehe den Erfolg magisch an.
- Ich bin ein Champion und ein wahres Glückskind.
- Ich liebe mich und bin immer zur richtigen Zeit am richtigen Ort.

Je emotionaler du diese positiven Mantras fühlen und aussprechen kannst, desto tiefer die Wirkung. Sage also die Sätze laut mit viel Emotion, deine Körperzellen und deine Seele hören mit. Mit der ständigen Wiederholung (mindestens drei Wochen) beginnst du es zu glauben, zu leben und suggerierst deinem Resonanzfeld, dass es auch so ist. 95 % der Menschen hören leider zu früh auf. Schön, dass du zu den 5 % gehörst, die es durchziehen.

In meinen unzähligen Kundengesprächen und Coachings habe ich immer wieder eines festgestellt: Wer seinen Seelenweg gesund und glücklich leben und umsetzen möchte, tut sich etwas Gutes, wenn er sein Selbstbewusstsein bewusst stärkt. Es reduziert den Zweifel und fördert den Glauben an das Unmögliche und so an sich selbst.

Schuldgefühle zu erzeugen ist Teil unseres Erziehungssystems. Sogar Kirchen und Firmen nutzen diese Form der

Führung. Man muss »Buße tun« oder sich selbst kasteien. Doch du hast jeden Moment die Wahl, mache ich es mir recht oder mache ich es anderen recht. Wer anderen die Macht übergibt und versucht, so fehlerfrei ein Leben zu leben, lebt nicht das eigene Leben. Er reduziert den Sinn im Leben und die Wahrnehmung. Wir machen Gefälligkeiten für andere, verschenken unsere Gaben, verschenken die Lebenszeit, verlieren den Mut und fühlen uns schlussendlich schuldig. So stellt sich die Frage: Will ich mich für die Ideen anderer opfern oder will ich für meine eigenen Ideen und meinen Seelenauftrag leben?

Auch mit der Angst sollten wir Freundschaft schließen, denn Angst lähmt. Entdecke deine Angstmuster und ändere diese festgefahrenen Emotionsmuster, die reflexartig aus uns schießen. Beginne dich bewusst in Liebe anzunehmen, dich zu verstehen, dich so zu akzeptieren und verwandle deine Angst zum Freund.

Meine Mutter sagte immer: »Hinschauen, sagte der Meister!« Woher kommt die Angst. Konfrontiere dich. Fühle und verstehe! Reduziere unbewusste Suggestionen der Angst von außen, sei dankbar und wende die Techniken an, die du in diesem Buch findest.

Wie kann ich nun meine negativen Glaubenssätze finden und lesen? Kennst du deine eigenen Blockaden? Nach der nächsten Geschichte aus der Praxis und dem Kapitel »Was ist Glück« bekommst du darauf eine Antwort.

GESCHICHTE AUS DER PRAXIS
Jack macht kurzen Prozess!

Jack, ein 28-jähriger Versicherungsangestellter, kommt mit seiner Mutter zu einem Seminar von mir. Schon bei der Begrüßung strahlt er eine charismatische Begeisterung aus. So muss ich etwas schmunzeln, als er sagt: »Ich bin nur wegen meiner Mutter da.« Während des Seminars fällt mir auf, wie gut Jack alles sofort umsetzt. Ich bin sehr beeindruckt. Er hat eine sagenhafte Intuition. Als wir uns nach dem Seminar verabschieden, bedankt er sich für die tollen Übungen. »Ich bleibe dran!«, sind seine letzten Worte.

Sieben Tage später ruft er mich an: »Ich habe mein Leben komplett auf den Kopf gestellt. Ich habe den Job gekündigt und nutze nun meine Mentaltrainerausbildung, um den Menschen zu einem besseren Leben zu helfen, so wie das in meinem Lebensplan vorgesehen ist.« Ich war etwas perplex. Ich bin da vielleicht eher der langsame Typ. Alles gut prüfen, abwägen, Herzübungen machen und Seele fragen.

Er muss lachen und sagt: »Bruno, ich habe alle deine Übungen im Seminar und zu Hause mehrmals gemacht. Ich bin finanziell frei und habe null Risiko. Ich wäre ja blöd, wenn ich meinen alten Job behalten würde. Ich wäre ja blöd, wenn ich nicht auf meine Seele hören würde. In deinem Seminar habe ich meine Ängste, Blockaden gelöst und meinen Seelenauftrag gefunden. Ich weiß jetzt, in welche Richtung mein Leben geht und was ich tun muss. Ich fühle tief in mir, dass es stimmt. Jeder Tag zählt!« Genau meine Meinung. Ich beneide ihn etwas, doch jedem seine ganz persönliche Geschichte.

Nach einem Jahr hatte ich per Zufall E-Mail-Kontakt mit Jack. Er lebt u. a für einen bekannten Fussballclub genau seinen Seelenauftrag aus. »Es läuft gut. Ich bin gesund und glücklich!«, schreibt er mir.

Den Mutigen gehört die Welt. Wenn die Schleuse offen ist, dann kann es fließen!

Was ist Glück?

Alles was wir wollen, ist Geld zum Leben, wir gehen in die Schule, um etwas zu werden, damit wir später im Leben etwas sein können. Wir kaufen Dinge, bringen das Geld zur Bank, wohnen in einem Haus, mit dem Ziel glücklich zu sein. Es gibt Menschen, die wechseln den Gott, um glücklich zu sein. Was also ist Glück? Wenn ich viel Geld habe? Einen guten Job? Ein Haus? Luxus?

Es gab eine Zeit, da wechselte ich jährlich meine Autos. Ob BMW, Jeep, Porsche oder Range Rover, machte mich das wirklich glücklich?

Wenn ich ein Auto habe und darum glücklich bin, dann werde ich unglücklich, wenn man es mir wegnimmt. Das heißt, ich muss eine gewisse Demut und Dankbarkeit haben, dass ich jetzt das Auto habe. Wenn es jedoch einen Grund für das Glück gibt, dann ist es kein richtiges Glück. Denn wenn ich den Grund wegnehme, dann bin ich nicht mehr glücklich. Wenn ich das Glück suchen muss, dann habe ich das Gefühl, dass ich das Glück nicht habe. So bin ich wiederum nicht glücklich. Glück finden wir nur in uns selbst. Doch in uns ist es genau genommen auch nicht. Glück bin ich. Ich bin das Glück! Punkt. So kann man dir das Geld, den Job, das Haus und das Auto wegnehmen, doch nie das Glück.

Das Ziel ist somit nicht das Glück, sondern ein Sichwohlfühlen. Die richtige Frage lautet daher: Womit fühle ich mich glücklich und wohl?

Antwort: Im Sommer ist es die Klimaanlage und im Winter eine Heizung. Über das innere Glücksgefühl entscheide also ich allein.

Unsere achtjährige Tochter hüpft schon bei Kleinigkeiten vor Freude. Wenn sie beim Spielen unerwartet mehr Zeit bekommt, wenn sie ein Buch lesen kann, wenn sie im Spiel gewinnt, wenn sie ein Eis bekommt. Sie hüpft vor Freude fröhlich in Pfützen, fährt strahlend und glücklich mit dem neuen Fahrrad, entdeckt singend und glücklich die Hausaufgaben, lacht glücklich beim Turnen oder kreischt freudig mit anderen Kindern. Das Glück ist somit klar nicht von außen definierbar, denn nicht jedes Kind freut sich, wenn es Hausaufgaben machen darf. Das Glück fühlt jeder anders. Es ist individuell und kommt daher aus dem Innen. Meine Tochter ist grundlos glücklich, wenn sie sie selbst sein kann. Mir persönlich geht das auch so.

Die große Frage lautet daher: Wann bist du glücklich? Oder noch besser: Wann bist du am glücklichsten?

Wenn du deine Stärken und deinen Seelenauftrag lebst, dann erkennst du den Sinn im Leben, das macht enorm glücklich. Du bist, wer du bist. Das macht dich glücklich. Wenn du somit das tust, was du gut kannst, dann wird deine Begabung automatisch andere Menschen glücklich machen. So machst du das, was du gut kannst, bist dabei glücklich und wirst immer genug von dem haben, was du brauchst. Wenn das schlussendlich zum Wohl von allem ist, ist das sehr weise und hilft dir zum Weiterkommen.

Was ist der wichtigste Faktor, um einzuschlafen? Dein Haus, das du hast? Dein Auto? Deine Familie? Die Kinder? Nein, du musst müde sein!

Was ist das Wichtigste, um das Leben zu genießen? Du musst am Leben sein! Deine Seele muss im Körper sein. Natürlich brauchst du die Grundbedürfnisse zum Leben. Ich persönlich kenne keinen Menschen, den Krieg, Mord und Kampf glücklich macht. Nähre deine Seele mit Liebe und positiver Erkenntnis. Lebe deine Bestimmung gesund und glücklich. Das Seelenlesen soll dir zeigen, dass das Glück in dir ist.

So lese ich Glaubenssätze

Im Grunde muss man zuerst auf die Idee kommen, dass man Glaubenssätze überhaupt lesen kann. Doch dafür hast du ja dieses Buch gekauft. Auch für diesen Bereich habe ich mir oberhalb des Kopfes ein Energiefenster eingerichtet. Genauer: Oberhalb der drei Bereiche Privat, Gesundheit und Beruf, unterhalb der Seele, gibt es ein Energiefeld über die ganze Breite. Dort kann ich Blockaden lesen. Wenn also ein Mensch vor mir steht, dann fokussiere ich mich auf diesen Bereich. Als würde eine Kinoleinwand aufgehen, kann ich diesen Punkt bewusst größer machen. Ich sehe dann eine weiße, reine große Leinwand. Mental stelle ich nun folgende Frage: »Zeige mir den wichtigsten bremsenden Glaubenssatz, der ihn/sie im Leben jetzt daran hindert weiterzukommen.« Dann warte ich auf das, was ich sehe. In diesem Bereich sehe ich Metaphernbilder mit kleinen Mini-Filmsequenzen. Diese Mini-Filmsequenzen sind meist nur die Unterstreichung des Bildes und kein kompletter Film.

So sehe ich zum Beispiel in der Dauer einer Millisekunde eine Postkutsche, die hektisch mit zwei Pferden den Berg hinabhetzt. Auch hier stellt sich für mich wieder die Frage, was das bedeutet. Ich fühle die Hektik und weiß, dass sich dieser Mensch zu sehr über seine Grenzen bewegt. Er ist getrieben, alles sehr schnell zu erledigen, und darf unbewusst nicht zur Ruhe kommen. Das frage ich meinen Kunden, der mir das in der Regel immer bestätigt. Sollte ich es nicht verstehen, dann frage ich nach: »Was bedeutet das für dich?« Wenn auch er es nicht versteht, dann frage ich nach einem neuen Bild bzw. nach einer neuen Antwort. Manchmal flattern auch Wörter oder Aussagen durch meinen Kopf. So höre ich plötzlich das Wort »getrieben«, was wiederum zu meinem Bild passt.

Bei diesen Lesungen ist es immer ein »miteinander«. Schließlich lese ich die Energie von einem anderen Menschen, der sein Verhalten grundsätzlich selbst besser kennen sollte als ich. Auch respektiere ich kritische Menschen, dennoch weiß ich, dass Energien immer korrekt sind und stimmen. Wenn ich etwas nicht verstehe, dann liegt es an mir. Schließlich bin auch ich nur ein Mensch und unterliege meinen Tagesverfassungen.

Oft kommt bei einem Bild wie dem der Postkutsche noch ein weiteres Bild hinzu. Zum Beispiel sehe ich, wie ein Paket von der Kutsche fällt und liegen bleibt. Das Paket ist vielleicht wie ein Weihnachtspaket eingepackt und wird in meinem Fokus plötzlich sehr groß. Das hat logischerweise eine völlig andere Bedeutung. In diesem Fall ging es darum, dass mein Kunde massiven Stress hatte, in der Hektik das richtige Geschenk zu finden. Es stellte sich weiter heraus, dass mein Kunde große Mühe mit Überraschungen hatte. Er konnte mit diesem Druck nur schwer umgehen. Es raubte ihm täglich sehr viel Energie.

Einmal, bei einer Lesung, sah ich einen roten Nikolaus. Ich fragte meinen Kunden, ob er als Kind Angst vor dem Nikolaus hatte. »Ja, sehr! Ich wusste nie, ob er mich mitnehmen würde.« Das war purer Stress für den kleinen Mann. Er fühlte sich unbeschützt und komplett ausgeliefert.

Ich: »Fühlen Sie sich noch heute manchmal komplett ausgeliefert?«

»Ja, das ist ein großes Problem für mich.«

Wenn man diese Tatsache nun bewusst versucht, in Worte zu fassen und zu erklären, dann fehlen auch mir die passenden Worte. Ich bat ihn, an den Nikolaus zu denken.

Wir löschten dieses Gefühl in wenigen Sekunden aus seinem Energiefeld. Das Gefühl war verschwunden und das innere Seelenpotenzial konnte sich von diesem Tag an endlich entfalten. Ich bin mir sicher, dass seine Eltern ihr Kind niemals in böser Absicht erschrecken wollten. Vielleicht ging es um ein Erziehungsproblem mit mahnenden Gesten und Worten. Doch was Kinder in Angst und Schrecken fühlen, hinterlässt tiefe Spuren in unserer Psyche und so in unserem Leben. Mehr als wir uns offenbar bewusst sind.

Damit dir diese Art der Sprache etwas klarer wird, gern hier noch ein paar Beispiele:

Bewegte Lupe, die plötzlich sehr groß wird.
Problem: Geht zu sehr ins Detail. Detailverliebt. Angst, Fehler zu übersehen.
Lösung: Muss sich mehr vertrauen.

Peitscht sich aus.
Problem: Das ist für viele schon fast selbstsprechend. Peitscht sich durchs Leben. Lebt zu sehr im Schmerz.
Lösung: Muss mehr auf sein Herz und das eigene Tempo achten.

Ein Mensch, der sich ständig umsieht.
Problem: Angst, verfolgt zu werden. Fühlt sich unwohl, innerlich unruhig.
Lösung: Mehr auf sein Herz, seine Intuition hören und Vertrauen aufbauen.

Lieber Leser, wir kennen uns jetzt doch schon eine Weile. Also du kennst mich etwas besser als ich dich. Ich danke dir für dein Vertrauen in mich. Aus diesem Grund öffne ich mich dir gegenüber nun sehr und erzähle dir von einem sehr persönlichen Glaubenssatz. Er soll dir verdeutlichen, dass wir das Suchen von Glaubenssätzen niemals persönlich nehmen sollen. Es wird uns helfen, unsere großen Steine aus dem Weg zu sprengen, damit wir unseren Seelenauftrag in Freiheit und Sicherheit genießen und leben können. Ich habe diese negative Prägung erst vor wenigen Wochen bei mir aufgedeckt, als ich mich selbst gelesen habe. Ich war erstaunt, doch es ergab Sinn.

Hinderliche Prägungen oder negative Glaubenssätze erkennen wir alle immer wieder im Alltag, in den unterschiedlichsten Situationen. Die Kunst ist, sie in dem Moment zu erkennen und dann auch aufzuschreiben. So notiere ich immer wieder Sätze, die ich dann zusammen mit meiner Frau gern lösche. So auch an diesem Donnerstagabend, vor zwei Wochen.

Ich fragte mich: »Zeige mir noch einen Glaubenssatz, den ich jetzt löschen kann.«

Ich blickte dabei im Spiegel meine Energie oberhalb des Kopfes an und sah, wie ich an einer Frauenhand einen Ehering anbringen wollte. Doch das ging nicht. Obwohl der Ring sehr groß war und der Finger sehr dünn, blockierte er schon an der Spitze des Fingers. Für mich hieß das: »Ich vertraue meiner eigenen Ehefrau nicht.« Das sprach ich laut aus. »Huch?!«, ich war gerade selbst etwas über meine Worte verwirrt, denn meine Frau stand neben mir und hatte nun die Aufgabe, das zu löschen. Bewusst hätte ich das niemals gesagt, denn ich vertraue meiner Frau seit über 13 Jahren blind. Es hatte offensichtlich nichts mit ihr zu tun, sondern es kam aus einer Situation aus meiner Kindheit. Wir löschten diesen Glaubenssatz, ohne ihn mit dem Verstand lange zu hinterfragen. Das Interessante ist, dass ich seither meiner Frau noch mehr vertraue. Ich fühle noch mehr Vertrauen zu mir selbst, kann lockerer in mir ruhen. Magisch!

GESCHICHTE AUS DER PRAXIS
Gruß aus dem Vorleben

Rahel, 53 Jahre, Buchhalterin. Sie kann es nicht ausstehen, wenn jemand mit einem Filzschreiber auf ein Blatt Papier schreibt. Es gleicht dem Gefühl, als ob jemand mit den Fingernägeln die Wandtafel zerkratzt. Dieses innere Schaudern wird mit einem inneren Schmerz kombiniert. Ihr Herz zieht sich zusammen, als würde es erdolcht (Zitat Rahel).

Ich lese die Seele von Rahel und lande in einem Vorleben. Eine fabrikähnliche Umgebung mit vielen ängstlichen Menschen. Ein Tisch im Freien. Rahel sitzt an diesem Tisch. Ich sehe, wie sie Namen von Menschen aufschreibt, die hingerichtet werden. Es gleicht einer KZ-Szene aus dem Jahr 1945. Der Klang des Stiftes erinnert sie unbewusst immer noch an dieses schreckliche Ereignis und an den nackten Tod!

Hätte ich in diesem Moment einen Verstandesmenschen gefragt, dann dachte dieser vermutlich: »Bist du noch bei Trost? Glaubst du überhaupt an Vorleben? Kann das wirklich so sein? Das ist doch reine Spinnerei!« Ja, ich verstehe diese Gedanken wirklich, doch im Grunde ist das nun alles egal, denn die Geschichte geht ja noch weiter.

Ohne dass ich Rahel mein gesehenes Bild erzähle, lösche ich ihr dieses Ereignis aus der Seele, aus dem Energiefeld. Als Tüftler und Forscher versuche ich mich immer wieder selber aufs Neue zu toppen. Alles ist Energie! So gelingt es mir, zusätzlich zum Sehen gedanklich zu fühlen, ob ein Glaubenssatz noch Wirkung hat oder nicht. Ich fühle nochmals bei Rahel mental ab: »Für mich ist es gelöscht!«

Doch nun kommt der Härtetest. Ich nehme vor ihren Augen Filzschreiber und Papier, schreibe das Wort »Liebe« und bitte sie mir zu sagen, was gerade mit ihr passiert. Ihre Augen sehen, was ich mache, ihre Ohren hören sehr wohl den Klang, ihr Verstand will reagieren, doch es passiert nichts mehr. Unfassbar fordert sie mich auf, noch mal etwas hinzuschreiben. Ich schreibe: »KZ-Nummer 145 008«, doch auch jetzt löst es keine Gefühle mehr aus. Unglaublich! Dann erzähle ich ihr meine gesehenen Bilder. Ein Glücksgefühl kommt bei der beschriebenen Szene bei ihr in der Tat nicht auf. Eine gewisse Resonanz ist offensichtlich da. Ob Rahel das wirklich in einem Vorleben erlebt hat, entzieht sich meinem Wissen. Wichtig ist für uns lediglich, dass es ihr seit diesem Tag besser geht.

Aufmerksame Leser werden feststellen, dass der Filzstift erst nach dem Zweiten Weltkrieg, 1952, erfunden wurde. Rahel und ich sind der Meinung, dass offenbar das erlebte Geräusch sehr ähnlich gewesen sein musste. Wie gesagt: Hauptsache ist, dass sich ihr Empfinden zum Geräusch harmonisierte.

Solche Fälle gibt es oft. Ein ähnliches Ereignis hatte ich mit einem Kind. Das flippte fast aus, wenn es beim Essen das Schmatzen der Familie hörte. Nach dem Löschen dieser Resonanz aus dem Seelenfeld war das Gefühl wie von Zauberhand verschwunden.

GESCHICHTE AUS DER PRAXIS
Magie aus der Ferne

Wie Magie aus der Ferne erscheint auch die folgende Geschichte. Eine gute und liebevolle Kundin namens Fernandez hat mir schon ihre ganze Familie vermittelt. Immer wieder konnte ich ihr oder jemandem aus ihrer Bekanntschaft helfen.

Eines Tages ruft sie mich weinend an und teilt mir mit, dass ihr Sohn seit 14 Tagen nicht mehr mit ihr spricht. »Er verbarrikadiert sich im Zimmer. Ich verstehe das nicht. Ich habe ihm nichts getan oder Böses gesagt.« Ich fühle, wie die Mutter leidet und die Situation nicht verstehen kann.

In solchen Fällen gilt für mich immer die Ethikfrage, kann ich da wirklich eingreifen. Schließlich geht es nicht nur um die Mutter, sondern auch um ihren Sohn. So fühle ich mich ein und stelle fest, der 20-jährige Sohn hat sich etwas in seinem Verhalten verrannt. Sein Stolz lässt den Kontakt zur Mutter nicht mehr zu.

Hier zu helfen, ist im Grunde sehr einfach und geht schnell. Du kannst das auch gern bei dir selbst ausprobieren. So habe ich es gemacht: Samstagabend, 22 Uhr. Ich öffne das Herzchakra des Sohnes und das der Mutter. Dann verbinde ich die beiden Energien in Liebe und wiederhole das ein paarmal. In einer Endlosschlaufe tauschen Mutter und Sohn Liebe über das Herzchakra aus. Dann informiere ich Frau Fernandez per SMS.

Am Sonntagmorgen kommt schon die Antwort: »Lieber Bruno. Ich wollte nur sagen, heute ist es viel besser mit meinem Sohn. Er spricht wieder mit mir. Danke vielmals! Danke von Herzen und Grüße deine Familie von mir. Schönen Sonntag. Ciao Bruno.«

Wir alle haben die Möglichkeit, zu lieben oder nicht zu lieben. Wir können lernen, wie Liebe wirkt und was sie bedeutet. Wir können fühlen und erfahren, wenn die Liebe fehlt oder was sie bewirkt und hervorrufen kann.

Fast jeden Abend, wenn ich im Bett liege, sende ich einen Liebesregenbogen meiner Frau, meinen Kindern, meinen Eltern und ein paar guten Freunden. Unsere Kinder spüren das. Am Folgetag sind sie oft viel ruhiger, zugänglicher und liebevoller als an den Tagen, wenn ich es nicht mache. Das Resultat ist sehr beeindruckend. Darum lade ich dich ein, es ebenfalls mit deinen Lieben zu versuchen.

Jeder ist sein eigener Heiler

Immer wieder werde ich gefragt: »Bist du ein Heiler?« »Nein!«, ist meine Antwort. Obwohl ich ab und zu das Wort gern zur Erklärung verwende, schreibe ich auch immer hinzu, dass sich jeder Mensch immer selbst heilt. In meiner Praxis habe ich dazu extra ein Schild auf meinem Tisch aufgestellt. Darauf steht:

»Jeder Kunde heilt sich immer selbst! Bruno Erni aktiviert oder reguliert lediglich die Selbstheilungskräfte. Der Körper ist die größte Selbstheilungsanlage, die es gibt.

Bruno Erni ist kein Heiler. Wenn ein Heiler das Gefühl hat, er sei die Quelle, dann ist das, als wenn der Wasserhahn das Gefühl hat, er sei die Quelle. Bruno Erni sieht sich klar als Wasserhahn.«

Ich sehe und kenne viele Tricks und bin ein geübter Wasserhahn. Doch im Grunde kann das jeder. Viele Menschen »heilen« auch unbewusst. Wenn ein Kind stürzt, nimmt es die Mutter liebevoll in den Arm. Durch diese Berührung, Umarmung, durch die heilenden Worte geschieht Heilung. Die Medizin ist eine wundervolle Ergänzung. Wird sie in der richtigen Balance angewendet, hat beides ihre wertvolle Berechtigung.

GESCHICHTE AUS DER PRAXIS
Knieschmerzen innerhalb von Sekunden weg

Immer wieder kommen Kunden mit Knieschmerzen zu mir. Nach der Aurachirurgie-Ausbildung 2013 probierte ich bei einem guten Freund mein Wissen aus. Es veränderte sich nichts. Etwas enttäuscht ging ich nach Hause. Heute weiß ich, wenn etwas nicht funktioniert, dann kann das viele Gründe haben, zum Beispiel:

– es wird gegen die Seele gearbeitet und der Klient müsste etwas daraus lernen
– der Klient muss sein Verhalten ändern
– falsche Methode
– falscher Therapeut
– zu kurze Behandlung und somit zu früh aufgegeben
– Kunde ändert sein Leben nicht
– trinkt zu wenig Wasser
– die Ernährung ist schlecht
– zu viel Zucker
– zu wenig Vitamine
– zu wenig Bewegung
– Elektrosmog
– andere Gründe

Bei Knieschmerzen sind oft zu hohe Belastungen ein Thema. Ich trage die Last von anderen herum. Man zwingt mich in die Knie. Der Verstand will schneller sein als das Herz.

Wenn ich Energien oder Seelen lesen kann, dann fühle ich mich verpflichtet, gewisse Heilmethoden immer und immer wieder zu hinterfragen. Wie kann ich es einfacher machen? Wie geht es schneller? Wie geht es besser?

Auch meine Energiecoachings haben sich entsprechend verändert und ich wurde viel schneller. Durch das ständige Lesen, Sehen, Tüfteln und Probieren entstand meine »eigene« Knie-Behandlung, die bei sehr vielen Kunden funktioniert.

Herr Meier, ein erfolgreicher Banker, bucht via Internet einen Termin. Er hat von meiner Knie-Therapie gehört. Pünktlich um 20 Uhr steht er unruhig in meiner Praxis. Er erklärt mir, wo und wie genau er Schmerzen hat. Auch fragt er mich, ob ich ihn denn hypnotisiere. Er wisse genau, was Worte in einem Menschen auslösen können. Er sei ein erfolgreicher Banker und wisse, wie man Kunden beeinflussen kann.

Ich muss innerlich schmunzeln. »Nein, meine Therapien verlaufen bei vollem Bewusstsein und mit angezogenen Kleidern. Es ist von Vorteil, wenn Sie an meine Therapie glauben, doch das ist nicht zwingend. Ich habe die Therapie bei Hunderten von Menschen schon gemacht.«

Ich beginne sein Knie zu reinigen. Knie haben vor dem Knie, in der Luft, oft eine dicke imaginäre Dreckwolke. Allein durch das Entfernen dieser Schmutzwolke spüren viele Menschen schon eine deutliche Verbesserung. Für Realisten unvorstellbar. Als hätte das Knie endlich wieder genug Luft zum Atmen. Auch muss mir der Kunde keinen Gefallen tun, ob es nun besser wird oder nicht. Das, was der Kunde fühlt, ist die Wahrheit. Punkt! Alles andere ist meine persönliche Meinung.

Als nächsten Schritt lege ich meine rechte Handfläche auf sein Knie. Als würde warme Luft aus meiner Hand schießen, puste ich diese Energie von vorn durch das Knie. Die linke Hand liegt hinter dem Knie und saugt gleichzeitig die negative Energie heraus. Dann falle ich in eine Minitrance. Ich zupfe vor dem Knie, von links nach rechts, das Knie auf und umklammere es. Ich sehe in das Knie hinein. In der Regel beginne ich von unten nach oben mit der Verbesserung. Das heißt, ich verändere die Realität im unteren Gelenkteil so, dass es wieder gesund ist. Oft male ich es schwarz an und modelliere von Grund auf das Knie neu auf. Dann folgt der obere Teil und schließlich die Kniescheibeninnenfläche. Ich sehe die schmerzenden Teile in hellem Weiß. So sehe ich, was, wo und wie ich es optimieren kann. Dann folgen neue Kniebänder, die von links oben nach rechts unten verlaufen und umgekehrt. Es folgen allenfalls weitere Details. Ich schließe das Knie wieder mit einer Geste, als würde ich von oben nach unten, von links nach rechts das Knie wieder verbinden.

Das Knie halte ich umklammert und sage ihm, dass ich und sein Besitzer es unendlich lieb haben. Manchmal tanze ich mit dem Knie über eine Tanzfläche, bis es sich spürbar freut. Ich verbinde es mit dem Herzen des Besitzers. Dazu lasse ich aus meinem Herzchakra viel Liebe ins Knie sprudeln. Weiter aktivere ich bewusst meine Handchakren, die das Knie noch immer umklammern. Liebe und grüne heilende Energie fließen nun um das Knie. Jetzt folgt der letzte Schritt. Ich lasse langsam los, sodass die Energie perfekt um das Knie immer größer wird. Wie ein Knieverband. Manchmal braucht es noch einen Schuss Gelenkflüssigkeit.

Wenn ich das so niederschreibe, fällt mir auf, dass diese vielen kleinen Schritte eine wichtige Bedeutung haben. Das Ganze dauert, je nach Knie und Störung, ca. 60 Sekunden.

Bei Herrn Meier reduzieren sich die Schmerzen spürbar und sofort um 80 %. Auch wenn man sich das fast nicht erklären kann, selbst ein Skeptiker spürt, da geht etwas. Doch mein Anspruch ist, wie könnte es anders sein, gern 100 %. So musste ich die Methode noch einmal wiederholen.

Nach sieben Tagen erhielt ich eine E-Mail.

»Sehr geehrter Herr Erni. Ich weiß nicht, wie Sie das gemacht haben, doch ich kann wieder schmerzfrei Rad fahren, laufen und mich im Alltag frei bewegen. Ich spüre manchmal noch ein Zucken im Knie, doch es schmerzt nicht. Einfach fantastisch. Vielen lieben Dank. Mit freundlichen Grüßen. A. Meier«

GESCHICHTE AUS DER PRAXIS
Seelenauftrag Klangkörper

Karin ist eine ruhige und liebevolle Person. Ihre Ausstrahlung und ihr feinfühliges Wesen spürt man deutlich. Ihr Partner war gerade für ein Energie-Coaching vor ihr da. Ein Abschiedskuss und schon ist er weg. Wenn ich die beiden so von außen betrachte, dann wirken sie sehr unterschiedlich. Er, der wilde freiheitsliebende Abenteurer, sie die feinfühlige zierliche Engelsperson.

Karins Grund ihres Besuchs ist, dass sie oft sehr müde ist und es ihr an innerer Kraft fehlt. Wie so oft bei meinen Kunden, war auch sie schon beim Arzt. Die Blutwerte seien alle gut. Er habe nichts gefunden. Karins Geschichten sind sehr ausführlich. Sie braucht die Möglichkeit der Kommunikation für ihre Verarbeitung. Schnell wird klar, dass sie in ihrer Beziehung ihre eigenen Gefühle seit über zehn Jahren nicht ausleben kann. Sie vermisst dazu das Reden, philosophieren und sich in Liebe austauschen. Es fehle der Respekt. Ich bin verwundert, dass sie das seit über zehn Jahren so akzeptiert.

Als ich den Seelenauftrag von ihr lese, wird schnell klar, warum sie in dieser Situation so leidet. Ich sehe ein großes Cello, das gespielt wird. Ich weiß intuitiv, dass Karin den Klang am Cello selbst auslöst und dabei die gespielten Vibrationen fühlen kann.

Ich frage sie: »Hast du gerne Harmonie?«

»Ja.«

»Machst du gerne Menschen glücklich?«

»Ja, sehr.«

»Wie machst du das?«

»Gute Frage. Ich schenke sehr gern den Menschen etwas. Ich spüre die Freude und Dankbarkeit. Ich liebe meinen Partner. Ich verwöhne ihn gern. Dabei fühle ich mich wertvoll. Ich spüre mich. Ich spüre ihn. Leider kämpfe ich oft auf verlorenem Posten um ihn. Er will häufig allein sein. Wir wohnen seit acht Jahren getrennt. Ich leide und hätte gern eine gemeinsame Basis. Doch dafür habe ich meinen Hund. Er ist immer für mich da. Ich fühle, wenn er mich braucht. Dazu bin ich gern in der Natur, ich genieße den Wind, die Sonne, den Wald. Darum habe ich einen großen Pflanzengarten. Manchmal verbinde ich mich mit der Natur ...«

Allein aus ihren Worten kann man viel heraushören und herausfühlen. »Du fühlst dich also sehr wohl und würdest das gern den ganzen Tag fühlen?«

»Ja, ich liebe diese Verbundenheit. Das ist Magie. Es löst in mir ein Gefühl der totalen Zufriedenheit aus.«

»Hörst du so den Klang des Herzens?«

»Ja, das trifft es sehr gut.«

»Für mich klingt das alles sehr emotional. Du fühlst diese Emotionen wie ein großer Klangkörper. Du fühlst die Herzen der Menschen, der Tiere und der Natur.«

»Ein Klangkörper? Das klingt gut!« Karin hat die Fähigkeit, wie ein großer Klangkörper oder eine Stimmgabel die emotionale Stimmung, positive Gefühle bei anderen Menschen auszulösen und fühlt dann diese liebevollen, ausgelösten Gefühle wieder bei sich selbst. Doch bisher erkannte sie nicht, dass sie selbst der Klangkörper ist. Sie ging im Außen nur auf fremde Klänge ein. Sie machte bisher nur die Menschen in ihrer Umgebung glücklich, jedoch nicht sich selbst mit ihrem eigenen Klang. Natürlich fühlte sie etwas, doch das war nicht ihr eigenes Gefühl, sondern dasjenige des anderen.

Wie genau fühlt sie sich selbst? Was sind ihre eigenen Gefühle? Wie kann sie ihre eigenen Gefühle entdecken? Wie findet sie heraus, wer sie ist und wie sie klingt?

Ich rate ihr in einem ersten Schritt, sich mit dem Körper zu verbinden und die eigenen Emotionen bewusst zu erfühlen. Dann sage ich ihr, sie solle mit sich selbst sprechen und sich täglich bewusst fühlen, wie es ihr innerlich geht. »Sprich dazu mit deinen Organen, als wären es deine eigenen Kinder. Stehe einen Monat täglich mit ihnen auf und gehe mit ihnen zu Bett. Kommuniziere und fühle sie aktiv. Was sagen und fühlen sie?« Ein lustiges Experiment. Mit dieser Erkenntnis geht sie nach Hause.

In der Schule lernen wir alles über die Logik, jedoch wenig über die Emotionen oder Gefühle. Gefühlsunterricht findet in der elterlichen Erziehung statt. Wir kopieren gern unsere Vorbilder. Beobachte die Kommunikation und das Verhalten der Kinder, und du weißt schon sehr viel über die Eltern. Das Leben prägt uns, so wie bei Karin.

Als Karin erkannte, dass in ihrer Partnerschaft nur sie die Signale der Liebe aussendet, fühlte sie sich in der aktuellen Situation verstanden. Gleichzeitig spürte sie jedoch auch, dass ihr etwas Wichtiges für das große Glück im Herzen fehlte.

In stillen Meditationen blubberten Antworten ans Tageslicht. Interessiert erforschte sie die Möglichkeiten und Fähigkeiten eines Klangkörpers. Sie hatte plötzlich ein Navigationsgerät für ihr Leben entdeckt. Als hätte man ihr eine Augenbinde abgenommen, fuhr sie selbstsicher über neue Lebenspfade. Als hätte sie schamanische Heilkräuter genascht, berichtete sie freudig: »Bruno, es gelang mir, während mehrerer Tage in einem für mich komplett neuen Bewusstseinszustand zu verbringen. Das macht süchtig. Ich bin einfach nur glücklich. Meine Mundwinkel sind seit Tagen immer oben. Ich fühle mich angekommen!«

Ich bin begeistert über ihre Worte. Dann sprudelt sie weiter: »Ich habe in aller Ruhe entschieden, dass ich allein in die Ferien gehe, zwei Wochen Mauritius! Mein Partner verstand das zuerst nicht. Es ist jedoch wichtig für uns beide!«

Karin schrieb ein Ferientagebuch

Mauritius – 1. Tag: Ankunft. Sehr schön hier. Vermisse Alex. War keine gute Idee, ohne ihn ins Paradies zu fliegen. Fühle mich schlecht.

Mauritius – 2. Tag: Lebe mich langsam ein. Vermisse Alex. Habe ihm eine SMS geschickt. Er hat nicht geantwortet. Vermutlich ist er enttäuscht. Warte auf seine Antwort. Fühle mich sehr schlecht. Soll ich nach Hause?

Mauritius – 3. Tag: Liebe Frauen kennengelernt. Spüre, wie ich nicht Alex vermisse, sondern seinen positiven Klang. Keine Antwort von Alex. Habe Handy abgestellt.

Mauritius – 4. Tag: Fühle mich herrlich. Erkenne: Mein Ego vermisste Alex und seine Gewohnheiten. Mein Herz hüpft. Bin im Paradies. Höre wieder den Klang meines Herzens und den Ruf meiner Seele. Fühle mich eins und verbunden mit der Natur.

Mauritius – 5. bis 14 Tag: siehe Tag 4.

Sämtliche Störfaktoren waren weg und sie nutzte die Chance, ihr wahres »Sosein« zu sich zu finden. Sie war endlich angekommen im Leben.

Nach den Ferien war für sie eines klar. Entweder zieht sie mit ihrem Partner zusammen oder es gibt eine Trennung. Sie übernahm die Verantwortung für ihr Leben, da es sich einfach gut anfühlen musste. Der Ruf der Seele war zu groß. Sie wollte keinen Tag mehr von ihrer Lebenszeit verschwenden.

Der letzte Termin mit Karin ist gekommen. Sie hält wieder einmal ein wundervolles Geschenk für mich in den Händen. Meine Freude über das Geschenk macht sie glücklich. Ich: »Wie geht es deiner Vitalität?«

Karin: »Ich fühle mich wach, fit, habe Kraft und brauche viel weniger Schlaf. Ich bin frisch verliebt in mein eigenes Leben!«

Gab es auch mit Alex ein Happy End? Gern hätte ich das hier geschrieben. Sagen wir es so: Beide sind heute gute Freunde. Alex schaffte es nicht, etwas mehr Liebe und Nähe in die Beziehung zu geben. Seine Vibrationen waren zu leise und reichten für eine innige Beziehung nicht mehr aus.

Ist Seelenlesen nun gefährlich? Nein, natürlich nicht. Früher oder später hätten sich die beiden getrennt. Doch Karin hätte vermutlich in einer neuen Beziehung wieder die gleichen Fehler gemacht. So hatte das Seelenlesen ein Sich-Näherbringen und am Ende eine heilende Wirkung. Karin hatte viel Mut, auf ihr Herz zu hören, oder besser: ihr Herz zu fühlen. Es ist bewundernswert, wenn man in einer Partnerschaft zusammen wachsen kann. Es ist jedoch nicht selbstverständlich.

GESCHICHTE AUS DER PRAXIS
Trau dich!

Brigitte Stöhr, eine 48-jährige Powerfrau und Netzwerkerin, ruft an und fragt mich, ob sie bei mir bei einem Seminar oder Kongress auch auf der Bühne stehen kann. Als ich sie nach dem Referatsthema frage, sprudelt sie motiviert los: Sie habe so viel zu erzählen, wie Unternehmer erfolgreicher sein können. Sie wolle nochmals richtig durchstarten. Natürlich könne sie den Inhalt auf mein Publikum anpassen.

»Brigitte, ich bin schon voll ausgebucht. Sorry. Aber versuche es doch bei Rotary, Lions, BNI oder anderen Klubs. Das sind geniale Netzwerkgruppen für dich. Warum startest du noch einmal durch?«

Sie: »Ich muss, leider. Mein Mann und ich haben uns getrennt.«

Mein Helfersyndrom zündet und ich beginne während des Telefonats sie zu lesen. Schnell sehe ich, ihre private und berufliche Energie ist nicht besonders aktiv. Ich sehe, wie sie in der jetzigen Lebensphase leidet. So lese ich auch ihren Seelenauftrag:

Ich sehe ein Schiff, das auf der Suche nach einer Insel ist. Sie ist auf diesem Schiff und liebt das Abenteuer. Ihr wird es schnell wieder langweilig und so verlässt sie die Insel wieder und schippert weiter. Sie ist ein Motivator, um nach einer gewissen Zeit weiterzugehen. Es ist wichtig, dass man sich im Leben etwas zutraut. Trau dich!

Diese Wissensbilder schwappen innerhalb von Millisekunden auf und ich verstehe den ganzen Zusammenhang. Es ist wie ein Hologramm, in dem ich alles lesen, verstehen und fühlen kann. So sage ich ihr am Telefon: »Ich bewundere deinen Mut, immer weiterzugehen. Obwohl wir uns noch nicht viel gesehen haben, habe ich das Gefühl, du bist eine Abenteurerin und reist wie auf einem Schiff von Abenteuer zu Abenteuer, von Insel zu Insel. Du traust dich, egal wie die Umstände im Leben sind. Und das ist exakt deine Botschaft für Unternehmer. Auch die müssen sich ein Leben lang immer wieder trauen, weiterzukommen. So kannst du sagen: ›Mein Name ist Brigitte Stöhr, mein Thema heißt: Trau dich!‹«

Am anderen Ende der Leitung blieb es kurz still. Dann sagte sie: »Du bringst es auf den Punkt! Genial. Danke. Dennoch hätte ich die Scheidung jetzt nicht gebraucht.«

»Das kann ich gut verstehen, doch es macht dich authentisch. Und das ist es, was Unternehmer wollen.«

Was ich immer und immer wieder beim Seelenlesen bei meinen Kunden bemerke, spiegelt die Aussage von Brigitte sehr deutlich wider. In ihrer Aussage stimmt sie zuerst höflich und dankend zu. Dann folgt bei vielen eine Aussage aus dem Verstand oder Ego, der alles wieder zerredet, damit es keine Änderung gibt. Brigitte war clever und erkannte ihre Chance. Für ihre und meine Seele unbezahlbar.

GESCHICHTE AUS DER PRAXIS
Ich pfeife auf meinen Seelenauftrag

Nicole ist eine 38-jährige Frau. Sie hatte keinen einfachen Start ins Leben und musste nach der Geburt mehrere Monate im Brutkasten verbringen. Ihre Mutter trank viel Alkohol und konsumierte Drogen in der Schwangerschaft, ihren Vater hat sie nie kennengelernt. Ihr ganzes Leben ist ein Kampf, ein Chaos und besteht aus vielen Unfällen. Eine richtige Pein. Sie wird bis heute sozial unterstützt. Ihr Herz jedoch ist riesengroß. So hat sie auch meines im Sturm erobert. Über ein Jahr schenke ich ihr ca. alle sechs Wochen eine sehr günstige Behandlung. Dabei spricht sie immer von einer Wellnessdusche bei mir, die ihren Körper mit den vielen Problemen harmonisiere.

Schritt für Schritt geht es ihr nach einiger Zeit spürbar besser. Am Ende einer Sitzung fragt sie mich: »Weißt du, ich wüsste gern, warum ich so einen turbulenten Start ins Leben gehabt habe. Wer sucht sich schon freiwillig solche Eltern aus. Ich weiß, ich habe ein Handicap in meinem Leben. Doch ich möchte lieber so frei sein wie die anderen Menschen. Immer, wenn ich mich ablösen will von den Abhängigkeiten, dann finde ich keinen Job, keine Beziehung und keine eigene Wohnung. Ich habe es so satt, in diesem betreuten Wohnen zu leben. Ich habe es satt, wenn andere sagen, was ich zu tun habe. Auch die vielen Unfälle verstehe ich nicht.«

Nicole steigert sich dann immer in eine sehr große Wut. Auswärts kann sie sich oft beherrschen, zu Hause fliegen böse Worte, Türen knallen und Tränen fließen.

Die Tränen fließen nun auch in meiner Praxis. Ganze Niagarafälle schwappen aus ihr heraus. Ich reiche ihr ein Taschentuch und sage: »Ich kann dich gut verstehen.« Nachdem sie sich wieder gefasst hat, geht sie.

Nach ein paar Tagen kommt eine E-Mail von ihr: »Wie durch ein Wunder bekomme ich einen neuen Job. Es ist ein einfacher, aber fairer Beruf. Auch kann ich in der Nachbargemeinde eine eigene Wohnung beziehen, die nicht mehr 100 % betreut wird.« Es findet eine positive Wende in ihrem Leben statt. Freudig richtet sie ihre neue Wohnung ein, ihr Leben erlebt einen Frühling.

Bei unserer nächsten Sitzung ist sie jedoch schon wieder niedergeschlagen: »Toll, eine neue Wohnung, doch ich will einfach auch ›normal‹ leben können.«

Wir reden viel und ich versuche, ihr die neuen Vorteile aufzuzeigen. Die schmettert sie alle ab. Ich spüre, wie verzweifelte Emotionen hochkommen. Immer wieder fragt sie mich: »Warum habe ich bloß so ein Leben?«

Ich: »Soll ich deine Seele dazu befragen?«

Sie: »Ja, gern!«

Ich sichere mich etwas ab: »Und wenn du das Gesehene nicht hören willst?«

»Nein, jetzt will ich es einfach wissen.«

So lese ich ihre Seele und sehe: Sie ist ein Baby in einer Wiege, fühlt sich geborgen und zufrieden. Sie ist einfach nur da.

Für mich ist das alles plötzlich sonnenklar. Wie ein Hologramm öffnet sich mir ihr ganzes Leben. Das ist der fehlende Schlüssel, wo alles zusammenkommt, wo alles aufge-

hängt ist. Schwupp schließt sich das Hologramm wieder.
Ich: »Ich habe ein Baby in einer Wiege gesehen. Was bedeutet dir das?«

Sie: »Ein Baby in der Wiege?«

Ich: »Ja.«

Sie: »Nicht viel. Das liegt nur rum und macht nichts.«

Ich: »Das muss es ja auch nicht«

Sie: »Ich hatte keine schöne Babyzeit. Ich verstehe das nicht.«

Ich: »Was will ein glückliches Baby haben?«

Sie: »Essen, Trinken und glückliche Eltern?«

Ich: »Was noch?«

Sie: »Bewunderung, Liebe, Geborgenheit?«

Ich: »Wie fühlt es sich für dich an, wenn du Geborgenheit spürst?«

Sie: »Sehr schön. Hatte ich aber als Kind nicht.«

Ich: »Schau es mal nicht aus der Körpersicht an, sondern generell. Heute sorgt man sich von allen Seiten um dich. Im Grunde kannst du dich fallen lassen und auf dich wird geachtet. Ich habe das Gefühl, du willst einfach dieses Geborgenheitsgefühl leben.«

Sie: »Ich will ein normales Leben leben.«

Ich: »Was ist ein normales Leben? Dein Verstand vergleicht und will dieses vermeintlich normale Leben leben. Deine Seele ruft etwas anderes. Immer wenn du mit dem Kopf durch die Wand willst, etwas erzwingst, dann hattest du einen Unfall, oder?«

Nicole wird still und überlegt. Genauso war es. Sie: »Dennoch will ich frei sein!«

Ich: »Das bist du doch. Doch deine Seele will dieses Gefühl leben. Nimm dir in den kommenden Tagen bewusst Zeit und reflektiere dein Leben. Erkenne!«

Nach ein paar Tagen kam eine E-Mail. Sie sagte mir den nächsten Termin ab. Nach einer Woche kam wieder eine E-Mail von ihr. »Ich will wirklich einfach nur Geborgenheit und ein leichtes Leben leben können. Doch das kann ich nicht. Immer kommt mein Kopf dazwischen und der sagt, was ich tun muss. Eigentlich pfeife ich auf meinen Seelenauftrag. Ich spüre zwar in meinem Herzen sehr den Wunsch, genauso zu leben. Die Menschen leben ein ganz anderes Leben als ich. Bisher wollte ich immer so sein wie die anderen. Ich brauche jetzt etwas Zeit, um das alles zu verstehen. Danke Bruno, mir hilft das sehr.«

Nicole kam fast sechs Monate nicht mehr zu mir. Dann sahen wir uns wieder. Sie kämpft noch heute zwischen ihrem Herzen und dem Verstand. Ihr Erwachsenwerden auf dieser Welt hinterließ tiefe Verstandesspuren. Es ist ein schrittweises Annehmen vom eigenen Leben. »Herzzeiten fühlen sich gut an. Ich glaube, man hat mir den Verstand etwas vergiftet, er sabotiert mir ständig den Seelenauftrag«, lachte sie beim letzten Besuch.

GESCHICHTE AUS DER PRAXIS
Verseuchter Verstand sucht Gesundheit

Peter, 61 Jahre, ist selbstständiger Unternehmer. Er übergibt mir einen ganzen Bericht mit Symptomen, unter anderem Verkrampfungen im Kopf, Schmerzen am ganzen Körper, fühlt sich nicht in der Mitte und er weiß nicht, wie er aus dieser Situation herauskommt. Auch der Cholesterinspiegel sei zu hoch: »Es stimmt seit Jahren nichts mehr in meinem Leben. Die Ärzte wissen nichts und ich war schon bei vielen Therapeuten. Nun bin ich hier. Ich will verstehen!«

Auf den ersten Eindruck stelle ich fest, er lebt komplett über den Verstand. Schon sein Redeschwall macht deutlich, dass er seinen Körper kaum hört. Alle seine Energien sind gedrückt. Sein ausgebranntes inneres Gefühl bestätigt mein Sehen.

Dank dem ErniGramm finden wir heraus, dass er einen sehr lebendigen Geist hat. Nach dem Erfassen seines Denkens öffnen wir sein Herz und er wird spürbar ruhiger. Dann beginne ich, seine treibenden Glaubenssätze zu lesen und zu löschen. Hier eine kleine Auswahl:

– Lieber krank als gesund.
– Du musst denken, nicht fühlen.
– Du darfst dein Herz nicht fühlen.
– Wer das Herz fühlt, wird verletzt.

Ich stärke die Chakren und lese dann seinen Seelenauftrag. Der ist sehr spannend, denke ich, und sage:

»Ihre Seele möchte in diesem Leben die vollkommene Hingabe spüren und erleben.«

Als Unternehmer hat er ansatzweise Hingabe gelebt. Doch niemals vollkommene Hingabe und schon gar nicht gefühlt. Seine eingeimpften Glaubenssätze machten das unmöglich. Eines wird klar, er muss sich mehr vertrauen. Er suchte mit dem Verstand im Außen, am falschen Ort. Er muss sich freudig seinem Herzen zuwenden und sein Innen fühlen. Die Distanz von Herz zu Hirn ist so klein. Es ist so einfach und doch so schwer.

Dann möchte er wissen: »Was muss ich tun? Wie soll ich das machen? Wie soll das gehen, Herr Seelen-Dolmetscher?«

Ich lese seine Energie und sehe:

Sequenz 1: Ein Mann hüpft mutig von einem Sprungbrett.
Sequenz 2: Er fasst sich ein Herz und schließt die Augen.
Sequenz 3: Ein Mann im Schneidersitz meditiert. Sein Körper beginnt von innen heraus zu leuchten. Er ist ruhig, zufrieden, stabil und fühlt die vollkommene Hingabe.

Ich sage: »Ich habe das Gefühl, Sie müssen sich jetzt total vertrauen. Hören Sie auf den Klang und das Gefühl ihres Herzens. Werden Sie sich bewusst, dass das der Schlüssel ist, denn offenbar finden Sie so von innen heraus ihre Gesundheit, die innere Ruhe und so auch das, was Sie suchen: die vollkommene Gesundheit.«

Er: »Wie soll ich das umsetzen?«

Ich: »Beginnen Sie intensiv zu meditieren. Es richtet die Chakren automatisch wieder aus. Versuchen Sie ganz bewusst, einen Rückzug in die Stille zu machen. Ein Retreat, ins Kloster oder 14 Tage in der Stille meditieren.«

Peter sagt den zweiten Termin ab. Als ich den Grund lese, freue ich mich über seinen Mut: Er hat sich für einen Monat in ein Retreat auf einer griechischen Insel angemeldet. Danach werde er noch einen weiteren Monat dort Ferien machen.

Wir sind hier auf der Welt immer wieder mit irdischen Problemen konfrontiert. Peter wird dazu immer einen lebendigen Geist haben. Die Kunst für ihn wird sein, dass er sich dessen bewusst ist, die Balance hält und so trotzdem immer wieder die vollkommene Hingabe aus dem Herzen leben kann.

Egal, wo du bist, ich sehe deine Seele

Der Fokus folgt der Aufmerksamkeit. Wenn wir uns der reduzierten Gehirnfrequenz hingeben, wird unser innerer Bergsee ruhig und wir sehen auf den Grund. Dann, und nur dann, öffnet sich für uns alle eine Energie, die stärker ist als die innere Stimme. Wir können damit unser inneres Sehen, Fühlen, Hören, Riechen usw. aktivieren. Auch die Wissenschaft weiß heute, das Gehirn ist nicht ausschließlich eine Erzeugungsform, sondern es hat eine Vermittlerfunktion. Es vermittelt Informationen zwischen dem Menschen und einem Feld. Dieses Feld können wir alle lesen. Wir verfügen alle über diese Gabe. Nur liegt sie oft verkümmert in uns brach.

Wenn du an jemanden denkst, wie denkst du an diese Person? Siehst du ein Bild von der Person? Ist es wie ein Foto oder ist es in Bewegung? Hörst du dessen Stimme? Fühlst du? Riechst du diese Person? Wie ist das bei dir? Es ist wichtig, dass du deinen eigenen Sinneskanal dabei erkennst.

Wenn ich einen Menschen lesen will, dann muss ich exakt wissen, um wen es sich handelt. Dieser Mensch hat eine Energie, die kann man lesen. Ich muss mich auf diese

Energie einschwingen, als würde ich einen Radiosender suchen. Jede Seele, jeder Mensch hat eine eigene Frequenz, einen eigenen Radiosender. Alles ist Energie. Man kann alles lesen.

Dann folgt die Frage, was genau muss man bei dieser Frequenz lesen. Ist es die Seele? Ein Vorleben? Sind es die unbewussten Gedanken? Sind es bremsende Glaubenssätze? Ist es der Körper? Ist es eine bestimmte Körperstelle? Organe? Sind es Verbindungen zu anderen Personen?

Um eine konkrete Frequenz herzustellen, mache ich gern Folgendes: Ich schreibe den Vornamen, Namen und das Geburtsdatum auf, male einen Kreis darum und kann so alles lesen. Damit habe ich ein klares und einmaliges Postfach, eine klare und einmalige Frequenz.

Ich bin ein großer Fan von Vereinfachung. Auch suche ich immer wieder Varianten, wie etwas schneller gehen kann. Zeit ist eine Erfindung der Menschen. So experimentiere ich mit den Energien. Irgendwann einmal, auf der Toilette, schaute ich über meinen Daumen. Dabei sagte ich dem Daumen: »Du bist Person xy, zeige mir seine Seele.« Schon schimmerte seine Seele über meinem Daumen und ich konnte sie lesen.

Immer wieder erhalte ich wunderschöne Geschenke von dankbaren Kunden. So auch von Ursula, von ihr bekam ich eine grüne Steinkugel. Ich positionierte sie auf meinem Schreibtisch. Jeder Blick zur Kugel erquickte mein Herz vor Freude. Während eines langen Telefonats hatte ich meine Daumen nicht frei. So sagte ich in Gedanken zur Kugel, du bist die Energie der Frau am Telefon. Ich schaute ins Nichts über der Kugel und konnte auch hier wunderbar die Energie lesen. Diverse Glaskugeln standen plötzlich in meinem Büro. Schnell versuchte ich es mit anderen Gegenständen, wie Buddhafiguren, Bleistifte, Lautsprecher. Auch hier klappte es wunderbar. Noch heute stehen aus diesem Grund Figuren und Buddhabilder in meiner Praxis.

Eine wichtige Frage, die ich am Ende einer Behandlung stelle, lautet oft: »Was benötigt diese Person noch? Was ist jetzt noch wichtig?« Dann schaue ich über den Buddhakopf, sehe, was ich wissen muss, und gebe dem Kunden die nötige Info oder Heilung mit. Du wirst sehen, dass das alles immer schneller klappt. Du wirst unterschiedliche Tagesformen haben. So sehe ich heute viel nur noch mental, auch während eines Gesprächs. Die Gehirnfrequenz muss jedoch auch ich bewusst kurz reduzieren.

Der Fokus folgt der Aufmerksamkeit. Was ich sehe, ist meine Welt. Was meine Welt ist, das glaube ich. Was ich glaube, das sehe ich. Glaube nicht alles, was du siehst, glaube nicht alles, was du denkst. Wir können viel mehr, als wir denken!

GESCHICHTE AUS DER PRAXIS
Ein Leben nach dem Leben

4. November 2014, Carole Isler sitzt mir vis-à-vis in der Praxis in Winterthur. Ihre Geschichte berührt tief mein Herz. Aufgrund eines Atelierstipendiums reiste sie im Ju-

ni 2014 nach Buenos Aires. Sie hatte von der Stadt Frauenfeld die Möglichkeit erhalten, für ein halbes Jahr an einem künstlerischen Konzept zu arbeiten. Damals befand sich eine Schweizer Freundin im 3260 Kilometer entfernten peruanischen Cusco. Carole beschloss, diese Freundin zu besuchen, da in der Nähe von Cusco die bekannte Inkastadt Machu Picchu liegt. Diese zu besichtigen, war schon lange ein Traum von ihr.

Als Carole den siebenstündigen Flug von Buenos Aires nach Cusco buchen wollte, stellte sie fest, dass ihre Kreditkarte wegen Betrugs (Skimming in Thailand) gesperrt wurde. Die Bank zeigte sich kulant und versprach, die nötigen Schritte einzuleiten. Es würde seine Zeit dauern, bis das verlorene Geld wieder auf dem Konto sein würde. Carole hatte genügend Dollar in Cash bei sich und beschloss, anstatt es für einen teuren Flug auszugeben, die Reise in einem Bus zu bewältigen. Ein Freund hatte diese Reise bereits gemacht und ihr davon erzählt.

Vier Reisetage standen ihr bevor. Das Wissen, dass sie schon bald »ihr« Machu Picchu mit ihrer Freundin sehen würde, versetzte sie in große Vorfreude und ließ das Reisen zum Abenteuer werden. Bei einem Buswechsel in Bolivien lernte sie mehr zufällig Patricia und Maria kennen. Beide um die 60 Jahre alt und wohnhaft in Buenos Aires, nahmen denselben Bus nach La Paz. Obwohl der Buschauffeur mit überhöhter Geschwindigkeit unterwegs war (es stellte sich heraus, dass er 1,75 Promille im Blut hatte) und Carole Angst hatte, überfiel sie irgendwann die Müdigkeit und sie schlief ein.

Als sie wieder erwachte, saß sie in einem Rollstuhl und wurde durch einen hellen Gang gestoßen. Sie trug keine Brille und sah deswegen nicht viel. Ihr war sofort klar, dass sie sich in einem Spital befand und ein Unfall stattgefunden haben musste. Sie hatte starke Schmerzen am Genick, am Nacken, im Mund fühlte es sich anders an. Zähne waren abgebrochen. Alle Gliedmaßen fühlten sich taub an. Sie war dankbar, als sie ihre Zehen und Finger bewegen konnte.

Nach und nach erfuhr sie, dass ihr Reisebus am 22. Juli 2014 im nächtlichen Bolivien mit einem entgegenkommenden Fahrzeug kollidiert und umgekippt war. Vier Personen starben, Carole war ca. zwei Stunden bewusstlos und erwachte später im bolivianischen Spital Oruro. Die Ärzte diagnostizierten ein Schleudertrauma. Die besagte Freundin, die in Cusco war, flog sofort zu Carole und organisiert das Wichtigste. Sie flogen nach La Paz, wo ein Vertrauensarzt der Schweizer Botschaft weitere Untersuchungen vornahm. Mit einem Umweg über Buenos Aires flog Carole schließlich für die Genesung zurück in die Schweiz. Erst durch erneute Röntgenaufnahmen in der Schweiz erkannte man den seltenen und kritischen Bruch im Kopfgelenk. »Ich war völlig überrumpelt, als mir der Arzt seine Hand entgegenstreckte und mir zu meinem zweiten Leben gratulierte. Er sprach von unwahrscheinlichem Glück, dass ich weder gelähmt noch tot sei.«

Die Ärzte rieten ihr dringend ab, die obere Halswirbelsäule durch passive und aktive Bewegungsübungen zu bewegen. Kein Rennen, Hüpfen, Springen.

Immer wieder tauchten Fragen auf: »Warum habe ich das erlebt? Warum ist mir das passiert? Warum habe ich überlebt? Wie geht es weiter?« Innerlich angeschlagen ist sie sehr froh über die liebevolle Unterstützung ihrer Familie und von Freunden. Sie ist dankbar für die richtige Diagnose der Schulmedizin, doch fühlt sie sich auf dem Abstellgleis, da sie nichts zur Genesung beitragen kann. Die Zahnbehandlung schreitet voran. Sie muss warten, bis es besser wird. Ihr Gedächtnis streikt, vernetztes Denken und Konzentrieren fällt schwer. Ihr Vertrauen in sich sinkt.

Ich höre ihr mitfühlend zu, beginne mit diversen Therapieformen und lege ihr meine rechte Hand ganz vorsichtig in den Nacken. Während ich sie in diesem Bereich scanne, sehe ich ihren Bruch im Kopfgelenk. Ganz vorsichtig beginne ich, diese Stelle zu verbinden, und aktiviere so die Selbstheilungskräfte. Dann behandle ich die Wirbelsäule, löse den traumatischen Moment des Unfalls im Unterbewusstsein und stärke die Chakren.

12. November 2014. Da Carole wieder nach Buenos Aires fliegen wird, um das Atelierstipendium fortzusetzen, behandele ich sie kurz vor ihrem Flug. Es geht ihr viel besser. Das merkt auch die Familie. Carole schöpft in dieser kurzen Zeit spürbar mehr Vertrauen. Dabei erzählt sie eine lustige Geschichte: »Ich habe einen Tag nach der letzten Behandlung bei dir eine Freundin in Zürich getroffen. Wir unterhielten uns angeregt, sodass ich beinahe den letzten Zug verpasste. Dadurch querte ich rennend die Bahnhofshalle und war ganz überrascht, als das ohne schmerzhafte Schläge im Genick und in Abwesenheit der sonst starken

Kopfgelenkschmerzen möglich war. Bruno, du kennst keine Grenzen! Auch ist meine Konzentrationsfähigkeit wieder viel besser.« Diese spürbare Verbesserung ließ ihre inneren Selbstheilungskräfte sprudeln.

Bei ihrer Rückkehr nach Buenos Aires beendete Carole ihr Atelierstipendium. Dieser Schritt unterstützte ebenso den Heilungsprozess, da sie in der Schweiz zwar von der Familie umsorgt wurde, doch in der Rolle der Patientin blieb, während sie in Buenos Aires wieder für sich selbst schauen musste. Die große Stadt bildet den Kern einer der größten Metropolregionen Südamerikas mit etwa 13 Millionen Einwohnern. Sie erstreckt sich über rund 68 Kilometer von Nordwest nach Südost und etwa 33 Kilometer von der Küste nach Südwesten aus. Hier jemanden zu treffen, gleicht einer Nadel im Heuhaufen. Carole verabredete sich mit Patricia aus dem Bus, die sie über Facebook ausfindig gemacht hatte, und wollte über die Vorkommnisse am Unfallort reden. Patricias Cousine, Maria, starb leider während des Unfalls. Umso mehr staunten beide, als sie feststellten, dass sie nur 450 Meter voneinander entfernt wohnten. Aus dieser flüchtigen Ferienbekanntschaft ist eine tiefe Freundschaft entstanden.

Doch warum hatte Carole diesen Unfall? Es brachte sie selbst, ihren Glauben an sich, ihrem Können, ihrer Intuition und dem Klang des Herzens deutlich näher. Carole malt wundervolle Bilder, die man auf www.caroleisler.ch besichtigen kann. Sie hat eine unglaubliche Ausdruckskraft und ist ein einzigartiges Naturtalent. Das durfte ich auf ihrer Vernissage 2015 bewundern. Dort erlebte ich einen berührenden Moment. Die Mutter von Carole kam auf mich zu und sagte: »Ich bin sehr dankbar, dass Sie meiner Tochter helfen konnten. Sie ist wieder voller Energie und blickt zuversichtlich in die Zukunft!«

So gelingt die Umsetzung!

Wer seinen Seelenauftrag kennt, ist nicht automatisch auf dem Weg. Wir alle sind im Leben in diverse Verpflichtungen eingebunden. Obwohl wir heute jederzeit ans Ende der Welt reisen können, obwohl wir in der Geschichte der Menschheit noch nie so frei waren, obwohl du nun vieles über deine Seele und den Seelenauftrag gelesen hast, kommen dennoch nur sehr wenige Menschen in die Umsetzung.

Es ist zu vergleichen mit deinen Ferien. Endlich hast du die Kataloge studiert, die Umgebung auf Google Maps betrachtet und spürst, da möchte ich hin. Was sind nun deine nächsten Schritte? Wo und wie buchst du? Wer kommt mit? Wann gehst du? Was nimmst du mit? Wie ist das mit den Finanzen? Wie ist das mit der Sprache? Deine irdischen Probleme schwappen auf und du musst das alles zuerst klären.

Wie bei der Toni-Methode schon erwähnt, erreichen viele Menschen ihre gewünschten Ziele nicht. Das scheint sehr menschlich. Wir haben ständig Ausreden im Kopf und verschieben vieles lieber auf morgen. Eine Harvard-University-Studie besagt, dass nur 3–5 % der Menschen ihre Ziele auch erreichen. Das ist mitunter ein Grund, warum ich mein gesamtes Wissen immer weitergebe. Warum soll ich es behüten wie einen Schatz? Viele lesen leider auch keine ganzen Bücher und somit diese Zeilen nicht mehr. Du nicht, dazu gratuliere ich dir von ganzem Herzen. Darum habe ich dir auch dieses Buch geschrieben. Mache etwas daraus. Lebe dein Meisterwerk, deine Lebensmission, deinen Lebensplan. Jetzt!

Ich weiß, und du hast recht, ich wiederhole mich nun zum vierten Mal. Doch diese Wiederholung ist der Grund und die Tatsache, warum wir vergessen haben, mit unserer Seele zu kommunizieren. Wer also seinen Seelenweg konsequent umsetzen möchte, muss sich folgender Tatsache bewusst werden: In unserer Kultur gehen wir in die Schule und lernen Wissen, das wir größtenteils nicht benötigen. Wer dieses Wissen hat, bekommt bei Prüfungen gute Noten. Wer gute Noten hat, ist ein guter Schüler und so ein guter Mensch. Wir definieren uns über diese Werte der linken logischen Gehirnhälfte. Wir denken, fühlen und glauben, dass das die Wahrheit ist. Unsere Außenwelt lässt uns diese Erfahrung machen. Wer etwas werden will, muss vieles lernen, dann bist du ein guter Manager und verdienst viel Geld. Es scheint somit wichtig zu sein, dass wir viel Geld und Luxus besitzen, dann haben wir das wahre Ziel erreicht. Wer viel Geld und Luxus hat, der hat Macht und kann über andere Menschen entscheiden. Diese Form des Lebens ist unersättlich. Du findest alles nur im Außen, niemals im Innen. Vor allem junge Seelen möchten diese Erfahrung machen. Doch wo ist da die spirituelle Weisheit?

Britische Forscher haben herausgefunden, was meine Mutter mir schon als Kind erzählt hat: »Das Leben ist keine langsam steigende Konstante, das Leben ist eine Sinuskurve (ein Auf und Ab).«

Unser Schulsystem und unsere Wirtschaft, aus der uns täglich viele Abhängigkeiten und politische Regeln beeinflussen, leben das Leben der Konstante.

Weise, Gelehrte und meine Mutter wissen (und du natürlich auch), im Leben geht es mal hinauf und dann wieder etwas hinunter. Das ist normal! Dennoch bist du ein guter Mensch. Die Seele ist hier auf der Erde, um eine Erfahrung zu machen. Die Seele kann nichts Materielles mitnehmen, nur die Erfahrung.

Weil uns von außen ein Leben auf der Konstante vorgelebt wird, definieren sich viele darüber. Wenn wir aus diesem Raster der Vorstellung fallen, fallen wir auf. Wir sind plötzlich Menschen, die anders denken. Apple beschreibt dies wundervoll in einem Werbespot aus dem Jahr 1998:

»An alle, die anders denken: Die Rebellen, die Idealisten, die Visionäre, die Querdenker, die, die sich in kein Schema pressen lassen, die, die Dinge anders sehen. Sie beugen sich keinen Regeln und sie haben keinen Respekt vor dem Status Quo. Wir können sie zitieren, ihnen widersprechen, sie bewundern oder ablehnen. Das Einzige, was wir nicht können, ist sie zu ignorieren, weil sie Dinge verändern, weil sie die Menschheit weiterbringen. Und während einige sie für verrückt halten, sehen wir in ihnen Genies. Denn die, die verrückt genug sind zu denken, sie könnten die Welt verändern, sind die, die es tun.«

Wenn unser Seelenauftrag unser Fixstern ist, dann ist das unser höchstes persönliches Ziel, das wir immer und immer wieder fixieren müssen. Es braucht Mut, um diesem Ziel treu zu folgen. Vielleicht hast du Kinder oder du bist eingebunden in eine Partnerschaft. Dann solltest du das mitberücksichtigen. Im Herzen fühlst du die Wahrheit. Diese Wahrheit macht dich glücklich.

Im Laufe meines Lebens habe ich herausgefunden, es sind die richtigen Fragen, die man sich stellen muss. Frage dich daher regelmäßig:

- Was macht mich glücklich?
- Wobei geht mein Herz auf?
- Was ergibt Sinn für mein Leben?
- Wo liegen meine Talente und Gaben?
- Was kann ich gut?
- Was sind meine Spitzenleistungen?
- Wer bin ich wirklich?
- Fühle: Bin ich auf dem richtigen Weg?
- Welcher Weg ist der richtige für mich?
- Was kann ich tun, um meinen Seelenauftrag zu erreichen?
- Was muss ich unternehmen, um auf Kurs zu bleiben?
- Wo bin ich im Fluss des Lebens?
- Was bremst mich?
- Wie kann ich das Schritt für Schritt in die richtige Richtung lenken?
- Erkenne ich mein sabotierendes Denken?
- Erkenne ich mein konstruktives Denken?

- Wo lebe ich fremdbestimmt? Kann ich das ändern?
- Wie hole ich die Kontrolle über mein Leben zurück?
- Wo lebe ich selbstbestimmt?
- Bestimme ich über mein Leben?
- Vertraue ich meiner Intuition?
- Höre ich meine innere Stimme?
- Welche Glaubenssätze bremsen meinen Seelenauftrag?
- Welche Glaubenssätze ziehen mich meinem Seelenauftrag näher?
- Welches geistige Wissen will ich mit 80 Jahren meinen Enkelkindern weitergeben?
- Wie wage ich, mein bestes Leben zu leben?
- Wer kann mir helfen, mein Ziel zu erreichen?

Die Antworten müssen lösungsorientiert sein. Es muss dir wichtig genug sein, diese Lösungen anzutreten und umzusetzen. Wähle dein eigenes Leben, denke jedoch an deine Familie, die gehört ebenso dazu. Nutze deine Chance!

Alle Antworten fallen dir in der Ruhe zu. In der Ruhe liegt die Kraft. Denke an deine Gehirnwellen. Hier ein paar Möglichkeiten, wie du entspannen kannst:

- Spaziergang, Sport, Tanzen
- Wellness-Tag, Massage, Sauna
- Yoga, Tai-Chi
- sanfte Musik
- in die Ferne sehen
- Rosinen lange im Detail betrachten
- in eine Kerze sehen

- autogenes Training
- meditieren
- Atemübungen
- singen
- summen

GESCHICHTE AUS DER PRAXIS
Lieber krank als gesund

Ruth ist eine 60-jährige Frau aus der Region Bern. Ihr Mann hat eine kleine und erfolgreiche Elektrofirma mit zehn Angestellten. Die Familie hat sechs Kinder, die schon alle »ausgeflogen« sind. Ihr Mann kümmert sich sehr um die Firma, so gibt es für ihn auch am Abend nur dieses Thema. Ruth leidet oft darunter, vor allem seit das letzte Kind ausgezogen ist, wird ihr bewusst, dass sie und ihr Mann nicht mehr viel gemeinsam haben. Es fehlt an liebevoller Geborgenheit und menschlicher Nähe.

Immer wieder fühlt sie starke nervige Emotionen im Körper und bekommt dann vor Wut einen heißen Kopf. Sie schluckt viel zu viele Emotionen und spricht sich nicht aus. Die Unzufriedenheit steigt langsam über viele Jahre. Dann, eines Tages, hat sie Schwindelgefühle und geht zum Arzt. Nach dem Arzttermin wird festgestellt, dass sie einen ca. einen Zentimeter großen Tumor im Kopf hat. Angst und Panik löst das im Leben von Ruth aus. Ihr Mann jedoch ist nun plötzlich für sie da. Er sorgt sich täglich liebevoll um seine Frau. Sie erkennt ihren Traummann nicht wieder und fühlt sich endlich wieder sehr nahe mit ihm.

Eine weitere Gehirnuntersuchung wird gemacht. Das Ergebnis sollte Ruth entspannen und beruhigen. Es handelt sich nicht um einen Hirntumor, sondern um einen Hirnhauttumor. Das ist ein großer Unterschied. An einem Hirnhauttumor stirbt man nicht. Falls wirklich nötig, kann man das ohne große Komplikationen operieren.

Mit dieser erleichternden und guten Nachricht fährt sie nach Hause. Dann verkündet Ruth die Nachricht ihrem Mann mit folgender zusätzlicher Aussage: »Höre jetzt nur nicht auf mit der positiven Unterstützung und der liebevollen Zuwendung. Ansonsten wäre ich mit dem Hirntumor besser bedient gewesen!«

Wie bitte? Ansonsten wäre sie mit dem Hirntumor besser bedient gewesen? Ich traue meinen Ohren nicht, als sie mir das erzählt. Dennoch frage ich: »Warum wäre das besser gewesen?«

Ruth: »Dann hätte sich mein Mann um mich gekümmert. Nach der vermeintlich guten Nachricht widmete er sich wieder voll und ganz nur noch der Firma zu. Das ist zum Verzweifeln. Schon als Kind musste ich immer für meine jüngere Schwester da sein. Niemand kümmert sich um mich. Mir glüht der Kopf!«

Und schon wieder war da dieser Wortbefehl: »Mir glüht der Kopf!« Solche Wortwiederholungen sind aus meiner Sicht Kommandos und Befehle für unser Unterbewusstsein und so für unseren Körper.

Höre bitte dir selbst wieder einmal bewusst zu. »*Achte auf deine Gedanken, denn sie werden Worte. Achte auf deine Worte, denn sie werden Handlungen. Achte auf deine Handlungen, denn sie werden Gewohnheiten. Achte auf deine Gewohnheiten, denn sie werden dein Charakter. Achte auf deinen Charakter, denn er wird dein Schicksal.*« TALMUD

Beim Lesen der negativen Glaubenssätze stellen wir schnell fest, dass Ruth vor allem Mühe mit Wechseln hat. Da verharrt sie regelrecht. Wechsel war für sie vieles:

– Der Mann kommt nach Hause
– Der Sohn zieht aus
– Diagnose Arzt
– u. v. m.

Egal wo, im Leben gibt es immer und unendlich viele Wechsel. Auch ein Wechsel in der Gesundheit kann einen erstarren lassen, ebenso ist ein Ablegen eines Glaubenssatzes ein Wechsel.

Weiter löschen wir die Glaubenssätze: Ich werde geliebt, wenn ich krank bin. Ich muss immer etwas tun, da die Gesellschaft diese Vorstellung hat.

Der letzte Glaubenssatz ließ sie nie zur Ruhe kommen, denn sie wollte nicht als faul gelten. So war sie stets innerlich getrieben.

Für Ruth ist es ein richtiger Erkenntnisprozess. Schritt für Schritt führe ich sie an ihr Herz und dann in ihr Herz zurück. So muss sie lernen, sich in ihrem eigenen Tempo selbst zu lieben. Um die Erwartungen der anderen zu stoppen und sich selbst treu zu bleiben, muss sie sich ganz bewusst mehr abgrenzen und lernen NEIN zu sagen.

Ihre Beziehung zu ihrem Mann wurde immer besser. Es brauchte bei Ruth diesen Mut für ihr eigenes Glück. Der Kopf ist bei Ruth nach wie vor der »wunde Punkt«. Es scheint bei vielen Menschen so ein Körperventil zu geben. Bei den einen ist es der Rücken, bei den anderen ein Organ wie die Blase, ein Auge usw. Wichtig ist zu erkennen, dass es eine Chance bildet, die eigenen Emotionen richtig wahrzunehmen, denn wenn das Organ schmerzt, dann war man zu lange im roten Bereich und fern vom Herzensweg. Wenn jemand oft krank wird, hilft die Frage: »Wo liebe ich mich nicht?«

GESCHICHTE AUS DER PRAXIS
Angst vor Hunden verschwunden

Eine 48-jährige Frau kommt in meine Praxis auf Empfehlung einer Kundin. Sie hatte in der Kindheit ein schlimmes Erlebnis. Im zarten Alter von 11 Jahren wurde sie von zwei Schäferhunden regelrecht angegriffen. Über 20 Bisse, vorwiegend in den Hinterkopf, mussten genäht werden. Eine verarbeitende Trauma-Therapie wurde 1979 nicht gemacht. Die Panik vor Hunden reduzierte sich im Laufe des Lebens etwas. Doch nun hat vor ein paar Monaten die Vergangenheit mit voller Wucht wieder zugebissen, erzählt sie mir bedrückt. »Nach einem harmlosen Vorfall mit einem Rottweiler lebe ich wieder wie im Schockzustand. Ich habe kraftlose Glieder, zittere und habe panische Angst vor Hunden. Die längst vergessene Energie, mit den identischen Symptomen, ist wieder voll aktiviert.«

Ich biete ihr drei mögliche Behandlungsvarianten an, die alle nur wenige Minuten benötigen. Sie wählt aus, wir behandeln und sie versucht, die Angst bewusst zu reproduzieren. Doch weg ist weg. Es geht nicht mehr. Da das alles sehr schnell geht, kann man manchmal nicht verstehen, dass man so lange gewartet hat, es zu lösen.

Nach 50 Tagen schreibt mir die Kundin: »Lieber Herr Erni. Ich bedanke mich herzlich für Ihre Behandlung. Sie hat gewirkt! Seither ist die Angst vor Hunden nicht mehr aufgetaucht. Ich bin sehr glücklich darüber. Herzlichen Dank und alles Gute für Sie!«

Natürlich ist das kein Einzelfall. Ob Panik als Beifahrer im Auto oder Höhenangst, alles ist Energie und kann in wenigen Sekunden gelöst werden.

Geht das bei allen Menschen immer so schnell? Nein, leider nicht. Bei einem Experiment, welches ich mit 50 Personen gemacht habe, lösten sich bei 48 Personen die energetischen Blockaden zwischen einem bis 60 Tagen auf. Objektiverweise muss man sagen, dass alle 50 Personen sehr offen zu mir waren. Das hilft natürlich deutlich. Weiter habe ich festgestellt, dass es Menschen gibt, die zwar nach außen hin wollen, doch tief im Inneren weiterhin die Opferrolle behalten »müssen«. Vielleicht bekommt diese Person eine wichtige Tagesgeldrente. Vielleicht benötigt das innere Kind noch immer die nötige Aufmerksamkeit und die nötige Bewunderung, wenn es ihm schlecht geht. Diese

Menschen bräuchten eine tiefere Bewusstseinsveränderung in mehreren Schritten. Es muss mit einem bewussten Wollen mit allen Konsequenzen einhergehen. Vielleicht muss eine Person bewusst etwas daraus lernen müssen, denn nichts geschieht zufällig.

Übungen

Wenn ich die Energien und die Seele bei den Menschen lese, dann schaue ich nie bewusst mit den physischen Augen hin. Es gleicht mehr dem Sehen mit der Stirn, also mit dem dritten Auge und dem Fühlen mit dem Herzen. Wenn du die physischen Augen schließt, kannst du mit dem inneren Auge und dem Herzen besser wahrnehmen. Machen wir dazu einige Übungen. Lege – wenn du magst – Entspannungsmusik auf. Atme tief ein und wieder aus. Erde dich, entspanne dich.

Ach so, wie willst du nun die Übung lesen, wenn du die Augen geschlossen hast. Okay, dann lies erst den Text, schließe danach die Augen und mache die Übungen.

ÜBUNG 13
Fühle um dich herum mit geschlossenen Augen

Sobald du deine Augen geschlossen hast, wirst du automatisch mehr über die anderen Sinne wahrnehmen. Fokussiere dich bewusst auf das Hören. Was hörst du?

Fokussiere dich nun bewusst auf das Fühlen. Du hast mehrere Möglichkeiten:

- Körper fühlen: Du fühlst den Wind und die Sonne auf der Haut.
- Emotion fühlen: Du fühlst deine innere Stimmung. Wie geht es dir von einer Skala 1–10 (10 ist total fröhlich)?
- Stimmung fühlen: Wie fühlt sich deine nicht sichtbare Umgebung an?
- Raum fühlen: Es ist das Fühlen, was um dich herum ist. Fühle jetzt bewusst in den Abstand nach vorn, bis zum nächsten Gegenstand oder bis zur nächsten Wand.
- Fühle auch nach links und nach rechts. Wie weit ist der Abstand? Wie fühlt sich das an?
- Fühle nach hinten. Wie weit ist der Abstand?
- Fühle nach oben. Wie hoch ist die Decke. Oder bist du im Freien? Wie sieht es um dich herum aus? Fühle in die Abstände und versuche, dich so zu orientieren.

Fühle nun noch einmal nach vorn bis zum ersten Gegenstand. Versuche, den Gegenstand in Gedanken zu ertasten. Wie fühlt sich das an? Weich? Hart? Kalt? Warm?

Halte nun in Gedanken deine Handfläche voraus, als würdest du dich im Dunkeln in einem Raum vorwärtsbewegen. Ertaste in Gedanken in alle Richtungen.

Öffne jetzt die Augen und schaue nach, ob das mit dem Gefühlten übereinstimmt. Wenn ja, ich gratuliere dir. Wenn nein, schau es an, schließe die Augen und fühle noch einmal nach. Gehe dabei spielerisch vor.

Wenn du heute Abend im Bett liegst, es komplett dunkel ist, halte deine Hand nach oben und schaue sie im Dunkeln an. Fast alle Menschen glauben, die eigene Hand im Dunkeln sehen zu können. Es ist exakt das gleiche Sehfühlen. Mit der Zeit kannst du allein durch deine Vorstellungskraft empathisch sehen. Lerne spielerisch deine vergessenen Sinne zu stärken. Ach, das kann wirklich jeder Mensch. Es ist wie Klavier spielen. Die einen müssen für eine schöne Melodie einfach etwas mehr üben.

Ein weiteres Fühlen kannst du mit deiner Aura testen. Die Aura ist ein Energiefeld um deinen Körper. Sie hat eine Ausdehnung von ca. zwei bis drei Meter. Versuche nun bewusst dieses Feld um dich herum zu fühlen. Beginne vorn, oberhalb deiner Füße, dann über den Beinen, dem Bauch mit den Organen, dem Kopf. Gleite über deinen Kopf via Seele nach hinten. Den Rücken hinunter, Gesäß, Beine, Füße und dann via Fußsohlen wieder nach vorn zu den Füßen. Hier spürst du beim Abfühlen auch auf der Haut einen sehr sanften Druck oder ein Gefühl.

Wie groß ist deine Aura? Fühle ganz bewusst ans Ende deiner Aura. In einer Partnerübung kann man das sehr einfach zeigen.

In meinem Buch *Jenseits der Logik – Mit der Kraft der Gedanken persönliche Grenzen sprengen* beschreibe ich, wie man die Kraft der Gedanken formen und modellieren kann. Du stellst dir bewusst etwas vor, damit du mit dieser Kraft deine Realität so gestalten kannst, wie du sie haben möchtest. Das empathische Sehen ist jedoch eine andere

Form. Es basiert auf dem, was schon da ist, und nicht auf dem, was man haben möchte.

ÜBUNG 14
Sehen ohne Augen

Noch immer bist du ganz entspannt und gut geerdet.

Betrachte in diesem Zustand einen Bleistift. Was genau siehst du? Schließe die Augen und versuche, das Gesehene nun in deinem Kopf zu sehen. Gleite in Gedanken durch den Bleistift. Was siehst du?

Halte den Stift vor dein drittes Auge, also vor deine Stirn. Fokussiere dich bewusst darauf, als würdest du mit der Stirn sehen können.

Dazu musst du natürlich etwas heranzoomen. So wird er schön groß. Dann gleitest du in den Bleistift. Ist er aus Holz? Wie sieht es im Stift selbst aus? Siehst du die Mine? Siehst du Farben oder ist es grau?

Du hast vier Möglichkeiten des Sehens:

1. Du siehst nichts, da dein Verstand zu aktiv ist. Wechsle bewusst die Gehirnfrequenz. Spüre deine Füße und entspanne dich.
2. Du fantasierst einfach vor dich hin. Alles ist möglich.
3. Du hast das schon mal gesehen und rufst dieses innere alte Bild ab.
4. Du siehst es in echt. Ich gratuliere dir.

Versuche es nun mit deinem Finger oder deiner Hand.

Denke daran, dein Verstand sieht nichts. Du kannst es nur mit dem Herzen sehen.

Dennoch ist es motivierender, zu Beginn ein Fantasiebild zu sehen, als gar nichts. Rufe dir dazu einfach mögliche bekannte Bilder ab, das macht dich selbstbewusster. Der letzte Schritt: Du wirst mutiger und scannst richtig. Es ist ein ständiges Üben, bis du die Unterschiede erkennst und dir vertraust. Vertraue deinem Gefühl und niemals deinem Kopf!

Wie kannst du zwischen Fantasie und echtem Sehen unterscheiden? Das ist sehr einfach. Versuche das gesehene Bild zu ändern. Male es bunt, ändere die Farbe. Wenn es bunt bleibt, dann war es wohl deine Fantasie. Denn deine Fantasie sagt nun, jetzt ist es halt bunt.

Rutscht es jedoch zurück in das gesehene Bild, dann ist die Wahrscheinlichkeit sehr groß, dass das, was du gesehen hast, echt ist. Ich gratuliere dir! Übung macht den Meister! Es sei hier noch einmal erwähnt: Mit denken geht das alles nicht. Du musst fühlen. Fühlen!

GESCHICHTE AUS DER PRAXIS
Seelenlesen im Quadrat

Das mache ich am liebsten! Heike besuchte mein Referat »Jenseits der Logik – Mit der Kraft der Gedanken persönliche Grenzen sprengen« und buchte im Anschluss über meine Website einen Termin in der Praxis. Ihr großes Problem: Wo ist mein Weg?

Heike hat keine Ahnung, was richtig oder falsch ist. Sie hat keinen Plan, weder privat noch beruflich, und steht komplett auf dem Schlauch in ihrem Leben, was ihr wiederum große Sorgen bereitet.

Aufgrund des Geburtsdatums erstelle ich für mich ein ErniGramm und lese so in wenigen Sekunden ihre persönlichen Werte, ihre Gaben, die Fähigkeiten und ihre Art zu denken. Es ist immer wieder beeindruckend, wie exakt dies zutrifft.

Ich entspanne mich in einem Atemzug, lehne mich zurück und beginne, Heike zu lesen. Zwei Stunden haben wir dafür Zeit. Beginnen wir bei den unbewussten Gedanken. Im privaten Bereich sehe ich eine tiefe Kerbe, die auch ihre Gesundheit beeinträchtigt. Diese Kerbe ist knapp zehn Zentimeter breit und gleicht einem Kuchenstück. Die Spitze Richtung Kopf. Je tiefer so eine Kerbe ist, umso schlimmer fühlt sich der Kunde. Ihre Kerbe war in der Tat schon sehr tief. Das sage ich jedoch Heike bewusst nicht, da ich sie nicht unnötig beunruhigen will. Dazu später mehr. Beruflich sehe ich einen Menschen, der hin- und herrennt. Sie weiß nicht, wohin der Weg geht, und kann sich nicht entscheiden. Alle Energien sind leicht von oben gedrückt, was wiederum bedeutet, dass sie unbewusst bereits einen Burn-out spürt. Ihre Kräfte sind oft reduziert und sie ist vermutlich oft müde. Auch das sage ich Heike bewusst nicht im Detail, da es nur unnötig noch mehr Energie raubt. Alle diese Informationen lese ich, behalte sie aber für mich. Direkte Worte können sehr großen Schaden verursachen. Ich gehe hier sehr bewusst sehr sorgfältig vor.

Beginnen wir im privaten Bereich. Ich fokussiere mich auf die private Kerbe und frage nach dem Grund. Ich sehe, wie zwei Menschen sich vergleichen. Jeder will schöner und wichtiger sein. Intuitiv frage ich Heike: »Hast du eine Schwester?«

»Ja!«

»Hast du mit ihr Mühe?«

»Ja, sehr!«

»Warum?«

Heike erzählt mir nun, dass ihre Schwester die Leitung des elterlichen Mini-Zoos mit Pferden vom Vater übernommen hat und dort für über 20 Tiere und 10 Pferde-Pensionäre verantwortlich ist. Sie selbst hat auch ein Pferd dort. Ihre Schwester ertrinke in der Arbeit, so half sie einfach von sich aus mit. Sie leide, wenn die Tiere schlecht gepflegt und die Pferde nicht aus der Pferdebox kommen. Doch dieses Helfen ende immer wieder mit vielen Vorwürfen gegen sie. Genau diese Situation verstehe sie nicht. Sie wisse nicht, was richtig ist und was sie da tun soll. Tatsache ist, dass ihre Schwester den Mini-Zoo mit dem Pferdestall vom Vater in absehbarer Zeit allein übernehmen werde. Die Anlage wird dann Eigentum ihrer Schwester. »Ich habe schriftlich auf den Familienbetrieb verzichtet und so auch auf einen Teil meines Erbes, dennoch reicht das offenbar noch nicht und die Beschuldigungen gehen weiter.«

Heike hat Tränen in den Augen. Es geht ihr alles sehr nahe. »Warum beschuldigt man dich denn?«

»Weil ich nicht mehr auf dem Mini-Zoo mithelfe. Ich sei faul. Doch wenn ich helfen will, dann gibt es wieder

Probleme. Ich kann es drehen und wenden, wie ich will, ich bin immer für alles schuld.«

Ich: »Wie heißt deine Schwester?«

»Ursula.« Sie nannte mir noch das Geburtsdatum.

»Gut, ich lese deine Schwester gern im Anschluss. Wir werden den Grund finden und ich kann dir eine Lösung nennen. Bleiben wir zuerst bei dir.« Frage an die Seele von Heike: »Warum findet Heike den Weg nicht?«

Obwohl wir das nicht und kein meiden sollten, versteht die Seele das. Ich sehe ein Mädchen, das immer das schönste Geschenk haben will. Das Mädchen will besser als die Schwester sein, damit sie von ihren Eltern gesehen wird.

Nächste Frage: WARUM will sie immer das schönere Geschenk haben? Ich sehe ein Mädchen, das einem fliegenden Herzen hinterherspringt, es jedoch nie fangen kann. Sie will wissen, wie sich das anfühlt. Wie genau fühlt sich die Liebe ihrer Eltern an? Wie genau fühlt sich die Liebe überhaupt an? Wie findet sie den liebevollen Weg im Leben? Wie kann ich dem Weg vertrauen? Alle diese Fragen stelle ich Heike. Sie hat keine Ahnung.

So frage ich als Nächstes: Warum kann sich Heike nicht entscheiden? Ich sehe ein Mädchen auf einer großen Waage. Sie muss die Balance halten und will doch weitergehen. Wenn sie weggeht, dann fällt die Waage im Gleichgewicht zusammen. Sie findet keine Lösung für ihr Problem.

Ich suche in ihrem Lebenskalender und lande dabei im Alter von vier und sechs Jahren. Offenbar hatte sie in diesem Alter etwas erlebt, was sie dazu veranlasst, so zu reagieren, wie sie heute reagiert. Ich löse ihr das auf und bekomme den Impuls, dass es um ihr inneres Vertrauen geht. Offenbar gab es eine Situation, in der sie verlernte, sich zu vertrauen. Das ergab plötzlich alles Sinn. Bei der Behandlung spürt sie Wärme durch den Körper strömen, ein klares Zeichen, dass wir etwas lösen konnten.

Heike hatte große Mühe mit Entscheidungen. Während des Energie-Coachings und des Seelenlesens zeige ich ihr drei geniale Entscheidungshilfen. Im Anschluss an diese Geschichte stelle ich sie dir vor.

Glaubenssätze von Heike
Im nächsten Schritt wenden wir uns den blockierenden Glaubenssätzen von Heike zu, die sie in ihrem vollen Potenzial reduzieren. Diese lösen wir auf und wenden sie ins Positive. Folgende Glaubenssätze darf sie in Zukunft annehmen:

– Ich darf mich lieben.
– Ich darf mich von meinen Eltern loslösen.
– Ich darf eine andere Meinung als meine Eltern haben.
– Ich darf mich fühlen.
– Ich darf meine alte Sicherheit verlassen und Neues entdecken.

Ich staune immer wieder, was dabei zum Vorschein kommt. Nachdem wir nun vieles geklärt und geregelt haben, stärke ich noch ihre Chakren. Als Sahnehäubchen lese ich ihren

Seelenauftrag. Der ist für ihren neuen inneren Fixstern nun sehr wichtig und beantwortet alle ihre Fragen:

– Wohin geht mein Weg?
– Was kann ich?
– Was will ich?
– Wie erkenne ich mein Potenzial?
– Was ist meine Lebensmission?

Ihren Seelenauftrag, ihre Lebensmission versuchte sie seit Beginn ihres Lebens unbewusst auszuführen. Oft gelang ihr das schon. Doch in der Basis stimmte es nicht, da für die Basis die Familie zu instabil war.

Hier das Seelenbild von Heike:

Ich sehe eine Person in eine Richtung zeigen. Die Sonne geht gerade auf. Eine wohlige Stimmung ist zu fühlen. Ein Geschenk liegt auf dem Weg. Im Geschenk ist ein Kompass. Die Nadel geht Richtung Sonne.

Es ist für mich klar. Ich frage sie: »Machst du anderen Menschen gern eine Freude oder Mut?«

»Ja, sehr.«

»Zeigst du den Menschen gern den Weg oder eine langfristige Perspektive? Das hat dir bis heute gefehlt, stimmts?«

Heike überlegt und sagt dann: »Ja, das stimmt.«

»Ich habe das Gefühl, dein Seelenauftrag ist: ›Langfristige und positive Perspektiven in anderen auszulösen.‹ Ergibt das Sinn für dich?«

»Und wie! Das fühlt sich sehr stimmig an. Ich mache das für andere Menschen sehr gern. Nur bei mir klappte es bisher nicht. Es war zum Verzweifeln!«

»Und wie ist es jetzt?«

»Ich bin total im Reinen und innerlich wie angekommen. Ich weiß jetzt auch, dass ich niemals den Mini-Zoo mit den Pferdestallungen haben möchte!« Ihre Augen werden feucht. Man spürt ihre Dankbarkeit. Solche Momente berühren tief mein Herz. Den Menschen zu helfen, ist wiederum mein Seelenauftrag.

Lesen wir jetzt die Schwester: Ursula
Ich male einen Kreis um den Namen und das Geburtsdatum. Dann »logge« ich mich bei Ursula in die Seele ein und lese ihre unbewussten Gedanken. Ich sehe, dass sie Mühe mit Heike hatte. Dann lese ich die anderen Energien. Beruflich hat Ursula sehr viel Stress und ist an den Grenzen ihrer Kräfte. Warum kann sie die Hilfe von Heike nicht annehmen?

Ich umkreise auf einem weißen Blatt Papier links den Namen von Heike mit dem Geburtsdatum. Das wiederhole ich auf der rechten Seite mit Ursula. Dazwischen mache ich einen Kreis mit einem Fragezeichen. Ich verbinde beide Namenskreise mit dem Fragezeichen und frage die beiden Seelen nach einer möglichen Lösung. Dabei frage ich zuerst nach dem Warum. »Warum gibt es dieses Problem zwischen den beiden Schwestern?« Ich sehe Folgendes: Ein Kind hat Angst, dass ihm das Lieblingsspielzeug weggenommen wird. Vom Gefühl her ist es Ursula. Das ergibt

Sinn für die aktuelle Situation. Ich frage weiter: Warum hat Ursula Angst, dass Heike ihr das Lieblingsspielzeug wegnehmen will?

Die Antwort erstaunt uns vermutlich alle nicht: Gemäß Ursula gelang es Heike immer wieder, die Aufmerksamkeit ihrer Eltern auf sich zu lenken, um mehr beachtet zu werden. Ursula hatte so immer das Gefühl, Heike werde mehr geliebt. Doch offenbar gibt es da verschiedene Standpunkte.

Wenn wir das wieder auf die aktuelle Situation reflektieren, dann will Ursula den Mini-Zoo von ihrem Vater allein übernehmen, damit sie von ihm mehr geliebt wird als Heike. Klingt das verrückt? Nein, bei Weitem nicht. Diese unbewussten Programme sind bei allen Menschen unterschiedlich aktiv. Beim Lesen der Seelen landen wir oft bei der Liebe, so wie auch hier.

Die Lösung liegt auf der Hand und so sehr nahe. Nachdem ich für Heike die unbewussten Gedanken und das persönliche Verhalten ihrer Schwester Ursula und von ihrem Vater gelesen und erklärt habe, kann Heike auch hier klar verstehen, wie die beiden im Denken funktionieren.

»Doch wie soll und kann ich meiner Schwester begegnen?«

»Das ist einfach«, sage ich und frage die Seele ab. Die Antwort passt wie ein Deckel auf die Pfanne: Heike muss ihrer Schwester mehr Komplimente für ihre beachtliche berufliche Leistung mit dem Mini-Zoo machen. Sie muss dazu ihrer Schwester mehrmals in den kommenden Wochen und Monaten sagen, dass sie selbst das weder könne noch wolle. Idealer Satz: »Ich finde es gut, dass du die Anlage von unserem Vater übernimmst. Du machst das viel besser als ich. Ich bin stolz, deine Schwester zu sein.«

Ein offenes Gespräch zwischen Schwester, Vater und ihr ist wichtig. Heike hat dazu definitiv entschieden, auf ihr Erbe komplett zu verzichten. Ansonsten müsste ihre Schwester ihr das Geld vorfinanzieren, was zur Schließung des Zoos führen würde.

Nach ein paar Wochen erhalte ich eine E-Mail von Heike. Es geht ihr blendend. Endlich kann sie mit ihrer Schwester einen guten Kontakt pflegen. Sie hat offiziell auf das komplette Erbe verzichtet. Dank dem konnte ihre Schwester jemanden einstellen. Ihrer Schwester gehe es jetzt sehr gut. Sie hat eine gute und langfristige Perspektive, was Heike sehr freut! Heike hat dazu einen neuen Job und eine Ausbildung angefangen. Sie kann am neuen Ort den Menschen eine langfristige und positive Perspektive auslösen. Sie ist total happy. Den Mutigen gehört die Welt!

Wie erwähnt, möchte ich dir hier drei einfache und extrem wertvolle Entscheidungshilfen vorstellen.

Drei Entscheidungshilfen

ÜBUNG 15
Körperpendel

Kippe mit deinem Körper nach vorn und sage deinem Körper: »Lieber Körper, wenn ich so nach vorn kippe, dann heißt das für dich ja.« Warte einen Moment und stehe wieder gerade. Kippe nun nach hinten und sage deinem Körper: »Lieber Körper, wenn ich so nach hinten kippe, dann heißt das für dich Nein.« Stehe wieder gerade.

Schließe nun die Augen und frage: »Lieber Körper, bin ich in der Schweiz (oder in dem Land, in dem du gerade bist)?« Wie aus Geisterhand wirst du nun nach vorn gezogen. Frage nun dein Körper: »Lieber Körper, bin ich in Australien?« (Wenn du per Zufall jetzt in Australien bist, dann wähle ein anderes Land.) Wie von Geisterhand wird nun dein Körper nach hinten gezogen.

Sollte es nicht gleich gelingen, dann spüre mit geschlossenen Augen zuerst in deine Füße. Lass deine Gedanken ruhiger werden. Atme zwei- oder dreimal ruhig ein und wieder aus. Fühle den Atem. Spüre deine Füße und frage noch einmal.

Du kannst so wirklich alles abfragen. Deine Körper- und Seelen-Intelligenz wird dir klare Antworten geben. Du kannst so zum Beispiel auch deine Organe abfragen. Liebe Niere, brauchst du mehr Wasser? Mehr als zwei Liter? Ja! Mehr als drei Liter? Nein. 2,8 Liter? Nein. 2, 7 Liter? Ja.

Du kannst dein Herz, das Tor zur Seele, befragen. Brauchst du mehr Ruhe? Brauchst du mehr Liebe? Du kannst wirklich alles abfragen. Auch deine Seele kannst du befragen. Du hast damit einen schnellen und wundervollen Zugang zu dir selbst.

Einer Dame in meiner Praxis zeigte ich dieses Körperpendel auch. Sie fragte mich: »Kann ich da wirklich alles abfragen?«

Ich: »Ja, klar.«

Sie: »Soll ich mich von meinem Mann trennen?« Sie kippte nach vorn, also ein Ja.

Ich: »Halt, halt, beginnen Sie im Kleinen.«

Starte bitte erst mit diversen Tests, um es auch zu glauben. Denke und fühle mit dem Herzen und deiner Erfahrung. Baue Vertrauen zu diesem Körperpendel auf.

Wenn du im Supermarkt stehst, nimm ein neues Produkt zum Essen in die Hände und frage: »Lieber Körper, tut uns das gut?« Wenn ja, kaufen. Wenn nein, zurück ins Regal. Ich frage mit diesem Körperpendel immer wieder gern Dinge ab.

Neulich im Seminar gab es eine spontane Änderung. Die Teilnehmer übten sehr motiviert eine Übung. Ich fühlte, es war wichtig, diese Übung noch einmal mit anderen Teilnehmern zu wiederholen. Dennoch war ich nicht ganz sicher. Ich fragte das Körperpendel und erhielt die Bestätigung für mein Gefühl.

Je öfter du das Körperpendel anwendest, desto einfacher wird es dir gelingen. So wirst du nach einer gewissen Zeit die Augen nicht mehr schließen müssen. Auch das wirkliche Kippen nach vorn oder nach hinten wird mit der Zeit nicht mehr benötigt. Du fühlst ein Kribbeln vorn oder hinten, und schon weißt du es.

Ein Kadermitglied eines großen Schweizer Supermarkts ist ein guter Kunde von mir. Er hat mir anvertraut, dass er so sein Personal einstellt. Dass er das niemandem sagen kann, scheint verständlich. Zusammen mit seiner guten Intuition werden seine Entscheidungen in der Firma sehr geschätzt.

ÜBUNG 16
Kribbeln in der Hand

Ein weiteres gutes Entscheidungstool ist das Händekribbeln. Lege deine Hände auf die Beine, Handflächen nach oben. Sage nun laut: »Nein!« Achte nun darauf, auf welcher Handfläche es kribbelt. Links oder rechts. Sprich nun ein »Ja« aus. Auf welcher Handfläche kribbelt es nun? In der Regel wird es die andere Hand sein. Übe noch ein paarmal, damit dein Vertrauen gestärkt wird.

Beginne auch hier mit kleinen und unbedeutenden Entscheidungen. Benötige ich heute einen Schirm? Soll ich heute über die Autobahn nach Hause fahren? oder durch die Stadt. Beginne zu vertrauen und frage Wichtigeres. Soll ich dieses Projekt wählen oder das andere? Du wirst auch hier nach einer bestimmten Zeit nur noch in Gedanken fragen müssen, um es sofort zu spüren.

ÜBUNG 17
Frage dein Herz

Wenn es mit den Händen klappt, dann geht das auch mit dem Herzen. Diese einfache Übung habe ich für dich entwickelt. Fasse dir mit der rechten Hand aufs Herz. Sprich mit geschlossenen Augen ein lautes: »Ja.« Fühle, wie dein Herz reagiert. Was macht es? Was siehst du? Was hörst du?

Ich erhalte dabei ein inneres Gefühlsbild, wie mein Herz mit Armen stark und selbstbewusst die Faust nach oben streckt und jubelt. Andere sehen, wie das Herz aufgeht, sich öffnet, größer wird. Vielleicht hörst du eine positive Hymne, eine schöne Melodie. Was nimmst du wahr?

Halte deine rechte Hand weiterhin auf deinem Herzen. Sage mit geschlossenen Augen ein lautes: »Nein!« Fühle, wie dein Herz reagiert. Was macht es? Was siehst du? Was hörst du?

Ich erhalte dabei ein inneres Gefühlsbild, als ob mein Herz den Kopf hängen lässt. Oder das Herz wird plötzlich klein, es wird eng, hat Angst. Was nimmst du wahr?

Ein Kunde von mir spürt bei »Ja« ein Kribbeln und bei »Nein« nichts. Auch das ist ein klarer Weg.

Je öfter du es anwendest, desto mehr kannst du vertrauen und desto einfacher gelingt es dir.

Das sind drei sehr einfache und sehr wirkungsvolle Entscheidungshilfen, die du in deinem Leben dabeihaben solltest. Es hilft dir, dein Ego im Griff zu halten, und unterstützt dich und deine Seele, den richtigen Kurs zu halten.

Seelenaufträge
Auf meiner Website habe ich unter
www.brunoerni.com/Seelenauftraege
ein paar Seelenaufträge meiner Kunden aufgelistet. So kannst du dir ein gutes Bild verschaffen.

Wie soll ich mich im Alltag verhalten?

Du kennst nun etwas ganz Besonderes, du kannst deine Seele lesen und vielleicht auch die unbewussten Gedanken und die Seele bei anderen. Nun fragst du dich: Soll ich jetzt alle mit meinem Wissen und meiner genialen Gabe ansprechen?

Nein, wir mögen es auch nicht, wenn andere uns ungefragt eine Musik vorspielen, die unser Ohr nicht erfreut. Auch wäre es komplett falsch, den Menschen auf der Bahnhofstraße in deiner Stadt ihren Seelenauftrag aufzudrängen. Ja, sie hätten dann vielleicht ein einfacheres Leben! Ja, sie wären wahrscheinlich glücklicher. Ja, sie wären eventuell auch gesünder. Dazu möchte ich dir die folgende wahre Geschichte erzählen.

Freitag, 12. Januar 2007, 7:51 Uhr: An der U-Bahnhaltestelle L'Enfant Plaza in Washington DC (USA) spielt ein Mann in 43 Minuten auf seiner Violine sechs Stücke von Bach. Während dieser Zeit benutzen 1097 Menschen diese Haltestelle, die meisten auf dem Weg zur Arbeit. Nach etwa drei Minuten bemerkt ein Passant die Musik. Für ein paar Sekunden verlangsamt er seinen Schritt, um dann schnell wieder seinen Weg zur Arbeit fortzusetzen.

Ein älterer Mann bleibt einen Moment stehen. Vier Minuten später: Der Geiger erhält seinen ersten Dollar. Eine Frau wirft ihm den Dollar in seinen Hut, ohne wirklich anzuhalten. Nach sechs Minuten: Ein junger Mann lehnt sich gegen eine Wand, um zuzuhören, dann blickt er auf die Uhr und setzt seinen Weg fort. Nach weiteren zehn Minuten: Ein dreijähriger Junge bleibt stehen, um dem Musiker zuzuhören, er wird jedoch von seiner Mutter weggezogen. Trotzdem dreht das Kind immer wieder den Kopf nach dem Musiker und versucht, der Musik zuzuhören. Mehrere Kinder verhalten sich ebenso, aber die Eltern drängen zum Weitergehen. Der Geiger spielt inzwischen seit 40 Minuten. Nur sechs Personen sind kurz bei ihm stehen geblieben. Circa 20 Personen gaben ihm Geld. Seine Gesamteinnahmen liegen bei 32 Dollar.

Nach 43 Minuten: Der Musiker beendete seine Darbietung und es wurde wieder still. Niemand nahm Notiz, niemand applaudierte. Niemand wusste, wer der Musiker war. Es war Joshua Bell, einer der bekanntesten Musiker der Welt. Er spielte u. a. eines der schwierigsten Stücke, die je geschrieben wurden, auf einer Violine im Wert von 3,5 Millionen Dollar. Was die Passanten ebenfalls nicht wussten: Drei Tage bevor er an der Metrostation erschien, hatte Bell das Haus in der staatlichen Symphoniehalle von Boston mit 2625 Sitzplätzen komplett gefüllt. Er spielte das Gleiche. Die Gäste bezahlten einen Durchschnittspreis von 100 Dollar pro Platz.

Diese Vorführung in der U-Bahn wurde von der Washington Post (Pearls Before Breakfast) im Rahmen einer

Untersuchung zum Wahrnehmungsvermögen organisiert. Artikel von G. Weingarten im Magazin der *Washington Press* vom 8.4.2007
www.washingtonpost.com/lifestyle/magazine/...
[9.5.2017]

Die folgenden drei Fragen sollten bei diesem Experiment beantwortet werden:

1. Können wir Schönheit in einem alltäglichen Umfeld, zu einem unangemessenen Zeitpunkt wahrnehmen?
2. Wenn dem so ist, nehmen wir uns Zeit, sie wertzuschätzen?
3. Erkennen wir Talente in einem unerwarteten Kontext?

Warum also erkannten 1097 Passanten die Schönheit der Musik nicht? Eine mögliche Schlussfolgerung: Wenn wir keinen Moment Zeit haben, anzuhalten und einem der besten Musiker der Welt zuzuhören ... wie viele andere Gelegenheiten verpassen wir, während wir durch das Leben hasten?

Was können wir daraus lernen?

Du kannst der beste Ehemann, die beste Ehefrau, der beste Chef, die beste Therapeutin, der beste Sänger, die beste Schauspielerin oder der beste Seelenleser der Welt sein – wenn du vor dem falschen Publikum bist, wird deine Gabe weder geschätzt noch als solche wahrgenommen. So verstehe ich auch das Seelenlesen. Wir kommunizieren meist auf der Verstandesebene. Um offen für das Seelenlesen zu sein, muss das Herz des Menschen offen sein. Da bereits in der Schule fast ausschließlich nur der Verstand gefördert wird, braucht es ein Antasten mit dem Herzen für eine mögliche Lösung eines Problems. Oft stehen sich die Menschen auch selbst im Weg. Die erzählte Geschichte soll dir helfen, das zu verstehen. Bei Menschen, die bereit für das Seelenlesen sind, bei denen sollten wir richtig Gas geben. Sei einfach ein Vorbild, dann kommen die Menschen von selbst zu dir. Nutze diese Genialität.

ÜBUNG 18
SOS deiner Seele

Die Angst und der Zweifel reduzieren uns im Leben. Fühle jetzt in einen angstvollen Moment in deinem Leben. Wo am Körper fühlst du diese Angst? Wie fühlt sie sich an? Deine Seele hilft dir im Leben.

Suche jetzt einen Moment in deinem Leben, wo dir deine Seele half, den richtigen Weg zu finden. Wo am Körper fühlst du diese Zuversicht, diese Unterstützung? Wie fühlt es sich an? Hörst du etwas?

Lerne diese beiden Gefühle in deinem Leben bewusst zu fühlen. Sie helfen dir als Navigationsgerät für die richtige Richtung. Wenn du die Signale deiner Seele kennst, dann sage deiner Seele, sie möge dich zusätzlich im Alltag beschützen. Jetzt musst du natürlich darauf auch achten. Lade dazu deine Seelenfamilie und deinen Geistführer ein. Wenn ich zum Beispiel auf der Autobahn fahre, dann meldet sich bei mir eine innere Stimme, die sagt: »Wechsle jetzt die Fahrspur!« Diese Stimme ist deutlich anders als mein inneres Denken. Ich kann vollkommen vertrauen und das hat mir schon oft sehr geholfen.

Ein guter Freund von mir hat ein »Ziehen und Zucken am Finger« installiert. Immer wenn es ihn am Finger intensiv zieht oder kribbelt, dann weiß er, die Seele will ihm etwas sagen. Er hört dann bewusst hin und weiß intuitiv, was gemeint ist.

Weitere Hinweise für deine Gesundheit

Zehn Tipps für deine Gesundheit

1. Suche im Innen

Suche deine Lösungen nicht im Außen, sondern im Innen. Aus Fehlern müssen wir lernen, dann war der Fehler gut und bringt uns weiter.

2. Durchhalten

Ein weiterer Grund ist das Vertrauen in die Zeit. Viele Menschen halten nicht lange genug durch. Sie geben zu früh auf, sind zu wenig beharrlich und fallen in alte Muster zurück. Manchmal braucht ein Mensch einfach auch Zeit, um auf den Seelenweg »zurück«zugelangen.

Auf diesem Weg macht er einen Bewusstseinssprung, der unterschiedliche Zeit benötigt. Es kann vorkommen, dass es bis zu zwei Jahre dauert, bis man wieder gesund wird. Deine Seele kannst du nie belügen, täuschen, drängen oder ihr etwas vorspielen. Sie muss fühlen.

3. Löffelliste

Ich empfehle an dieser Stelle gern den Spielfilm *Das Beste kommt zum Schluss* aus dem Jahr 2007. Die Hauptrollen spielten Jack Nicholson und Morgan Freeman. Der ungläubige, amoralische weiße Klinikbesitzer und Milliardär Edward Cole und der hoch gebildete schwarze Automechaniker Carter Chambers sind beide an Krebs erkrankt und liegen im selben Zimmer in einem Krankenhaus, das Cole gehört. Sie freunden sich aufgrund ihres Schicksals trotz ihrer Gegensätze an. Dann erfahren beide, dass sie nur noch sechs bis zwölf Monate zu leben haben. Chambers beginnt, eine Liste der Dinge zu erstellen, die er in seinem Leben noch machen will, bevor er den Löffel abgibt (die sogenannte »Löffelliste«).

Was ist deine persönliche Löffelliste? Welche Dinge möchtest du in deinem Leben noch erleben? Was möchte deine Seele? Die Löffelliste fokussiert auf das Wesentliche. Auf meiner Liste stand dieses Buch hier. Es ist mein Seelenauftrag, dieses Wissen in die Welt hinauszutragen, den Menschen unkonventionelle Lösungen zu geben, ihnen zu helfen und Mut zu machen. So wünsche ich mir aus tiefstem Herzen, dass dir dieses Buch hilft zu verstehen und dass du so weiterkommst.

4. Bewegung an der frischen Luft

Sport oder auch Spaziergänge im Freien regen den Kreislauf an und ermöglichen eine besonders intensive Sauerstoffdusche. Frische Luft bringt uns wieder in Schwung und neutralisiert unsere Emotionen. Das bringt Sauerstoff ins Gehirn und macht uns fit. Generell trägt jede Art von Bewegung dazu bei, dass wir gesund bleiben. Bewährt hat sich die Einheit: 10 000 Schritte pro Tag.

5. Ein Waldspaziergang

Eine der leichtesten Methoden ist, wenn wir uns in der Natur bewegen. Welches Element gibt dir am meisten Power? Feuer, Erde, Metall, Wasser oder Holz?

In einem spannenden Experiment fand man heraus, dass Bäume unsere Aura harmonisieren und gesund machen. Die Natur ist doch genial! Das beruhigt automatisch Körper, Psyche, Geist und Seele. Wir fühlen uns nach einem Waldspaziergang gesund und glücklich.

6. Tageslicht

Tageslicht beziehungsweise Sonnenlicht kurbelt die Bildung von Serotonin an, das heißt unsere gute Laune. Depressiv kann kaltes LED-Licht machen. Es schwingt im Hyperschall mit 780 dB. Psychologen der Technischen Universität Eindhoven in Holland haben ein spannendes Experiment dazu gemacht. Schaue dir die TV Sendung »Einstein« vom Schweizer Fernsehen an: www.srf.ch/sendungen/einstein/die-macht-des-lichts [9.5.2017].

Fachleute raten, LED-Licht und Geräte mit LED-Bildschirm wie Computer oder Smartphones zwei Stunden vor dem Schlafen auszuschalten.

7. Genug Wasser trinken

Unser Flüssigkeitshaushalt hat einen entscheidenden Einfluss auf die geistige und körperliche Leistungsfähigkeit. Kaum verwunderlich, wenn man bedenkt, dass unser Körper zu ca. 75 % aus Wasser besteht. Ein Flüssigkeitsmangel macht sich als Erstes in unserem Denkapparat bemerkbar und führt schnell zu Ermüdungserscheinungen. Darum sollten wir unbedingt ausreichend Wasser trinken, und zwar mindestens 30 bis 40 ml pro Körpergewicht am Tag. Bei Hitze oder großer Anstrengung sogar wesentlich mehr. Bei 50 kg sind das 1,5 bis 2,0 Liter – bei 70 kg 2,1 bis 2,8 Liter – bei 90 kg 2,7 bis 3,6 Liter. Messe das mit dem Körperpendel aus.

8. Leicht essen und Vitamine

Gönne deinem Körper auch etwas Gutes von innen. Verzichte auf Fast Food, Schokoriegel und Mikrowellen-Essen. Nimm lieber frische, vitaminreiche Kost zu dir. Der Körper benötigt diese Stoffe für viele Prozesse, vor allem für ein reibungsloses Funktionieren des Stoffwechsels.

9. Meditation

Wer die Möglichkeit hat, sollte ruhig über Mittag eine kleine Meditation halten, aber nicht länger als 30 Minuten, sonst produziert der Körper wieder Melatonin und deine Zirbeldrüse (Epiphyse) leitet die Nacht ein.

10. Atme dich gesund

Atme ganz bewusst dreimal durch alle sieben Hauptchakren ein und wieder aus. Am Schluss auch noch durch deine Seele. Falls du nicht weißt, wo diese Chakren liegen, dann finde es heraus. Beginne dabei von unten nach oben. Atme dreimal ein und wieder aus.

Diese Übung stärkt deine Chakren, verbindet deine Seele mit dem Körper und macht dich gesund und glücklich.

Acht Schlüssel zum Schluss

Ich gratuliere dir. Du hast dich mit mir auf eine spannende Reise begeben. Ich konnte dir meine Welt näherbringen und zeigen. Du musst mir nichts aus diesem Buch glauben. Teste und prüfe lieber selbst, ob es funktioniert und ob es wahr ist!

Sollte das Seelenlesen bei dir nicht gleich funktionieren, kannst du deine Bestimmung auch über acht Schlüssel finden, diese Suche dauert nur etwas länger. Es ist eine Mischung zwischen deinem Verstand, deiner inneren Stimme und deiner Seele. Die Antworten öffnen sich dir Schritt für Schritt. Es sind die Türen zu deinem Inneren. Viele Wege führen nach Rom, Seelenlesen ist der Raketen-Turbo.

Die Fragen sind wie Schlüssel für deine Türen. Durch das Beantworten drehst du den Schlüssel im Schloss und die Tür öffnet sich. Sind alle acht Türen offen, kannst du versuchen, deine Bestimmung selbst zu finden.

Schlüssel 1

Finde heraus, wer du wirklich bist. Was sind deine persönlichen Werte?

Schlüssel 2

Welche Lebenshüte hast du in deinem Leben auf? Welche Rollen übernimmst du in deinem Alltag?
 Bei mir sind das u. a. Vater, Sohn, Energie-Coach beziehungsweise Seelenleser, Geschäftsführer, Privatperson, Hobby usw. Was machst du am liebsten und wo investierst du deine Zeit?

Schlüssel 3

Was macht dir Spaß? Wobei geht dein Herz auf?

Schlüssel 4

Wo liegen deine Talente?
 Jeder hat ein Talent. Oft sind es Dinge, die so enorm einfach für dich sind, dass du sie nicht als Talent erkennst.

Schlüssel 5

Welche selbstbestimmten großen Erfolge hattest du in der Vergangenheit?

Auch hier hat jeder seine ganz persönlichen Erfolge. Die zeigen dir, worin du gut bist und wo dein Talent sitzt.

Schlüssel 6

Was sind deine Träume, Wünsche, Ziele und Visionen?
Diese Antworten geben dir ebenfalls eine klare Richtung an.

Schlüssel 7

Was sagt und fühlt dein Herz?
Hier wird es für viele Menschen schwieriger. Diese Antworten findet man in der Ruhe bei einer Auszeit oder in der Meditation. Doch auch im Alltag sollte dir das nun möglich sein. Denke an die verschiedenen Gehirnfrequenzen.

Schlüssel 8

Was sagt und will deine Seele?
Auch hier gilt wie bei Schlüssel 7: In der Ruhe liegt die Kraft. Folge dem Ruf deiner Seele. Du weißt nun, wie du mit deiner Seele kommunizieren kannst. Tue es. Jetzt!

Alle Antworten wirst du nur finden, wenn du leiser wirst. Ziehe dich in deine Seelenoase zurück und frage dich das dort. Reduziere deine Gehirnfrequenzen und lausche den Antworten. Lade deine Seele und deine Seelenfamilie zu den

Antworten ein. Niemand anderes kann für dich schlafen. Niemand anderes kann für dich dein Essen verdauen. Du musst das alles selbst machen. Auch diese Übungen. Bei Fragen helfe ich dir sehr gern.

Wer seinen Seelenauftrag kennt, sollte sich stets treu bleiben und diesem konsequent folgen. Das Leben ist dann leichter, man ist gesünder und glücklicher.

Dein Herz kennt den Weg und weiß, was dir guttut. Das Herz denkt nicht, es fühlt. Mindestens einmal in der Woche, besser täglich, solltest du dein Herz und so deine Seele befragen. Ich reflektiere gern meine Woche und befrage dabei mein Herz, wie es ihm geht und was es braucht. Du kannst dich auch einfach im Spiegel anschauen und deine unbewussten Gedanken mit den Lösungen lesen, so mache ich es.

Für deine Seele geht es immer nur um Liebe und Erkenntnis. Erkenne, dass du eine Seele bist, die eine Erfahrung macht auf dieser Welt.

Ich wünsche dir dein für dich bestes Leben. Lass dich auf deinem Weg nicht ablenken und folge dem Ruf deines Herzens. Lebe deinen Seelenplan und trage der Erde Sorge. Sie ist deine Zukunft, denn du kommst wieder!

Ich freue mich, wenn wir uns einmal persönlich begegnen.

Alles Liebe!
Namaste.
Dein Bruno

Danksagung

Ich bedanke mich bei all meinen einmaligen und liebevollen Kunden, Klienten, Seminarteilnehmern und Freunden, die mir immer wieder sehr vertrauensvoll ihr Herz öffnen. Alle diese Geschichten berühren mich tief im Herzen und ich bin sehr dankbar, dass ich so vielen Menschen helfen kann. Aus vielen Begegnungen ergaben sich tiefe Freundschaften.

Danke an meine Mutter und meinen Vater. Ihr habt immer an mich geglaubt. Ohne euch würde es dieses Buch nicht geben. Ein spezieller Dank meiner Traumfrau Conny, sie unterstützt mich mit viel Fingerspitzengefühl, macht mir immer wieder Mut und managt unsere Familie. Ich liebe dich! Ein großer Dank auch an meine drei Kinder. Sie spiegeln mir das Leben auf wundervolle Art und Weise. Ich habe schon viel von euch gelernt. Ich bin sehr stolz auf euch.

Ein besonderer Dank gilt meiner Verlegerin, Sabine Giger. Danke für das Vertrauen in meine Person. Sie erkennt mit ihrer Gabe den richtigen Zeitpunkt für das Gute und verbreitet es bedingungslos rund um die Welt.

Danke auch dir, liebe Seele, dass du an meiner Welt teilnimmst und dieses Buch gelesen hast. Erinnere dich! Schön, dass es dich gibt!

Literatur

Erni, Bruno: *Die AHA-Expedition: Die 7 Geheimnisse beliebt und einflussreich zu sein.* Aufsteiger, 2007.

Erni, Bruno: *Jenseits der Logik. Mit der Kraft der Gedanken persönliche Grenzen sprengen.* Goldegg, 2015.

Erni, Bruno: *Jenseits der Logik. Schmerzfrei in 60 Sekunden.* ERDAS, 2013.

Hartmann, Alexander: *Mit dem Elefant durch die Wand. Wie wir unser Unterbewusstsein auf Erfolgskurs bringen.* Ariston, 2015.

Hasselmann, Varda: *Seelenelixiere. 35 Varianten der Seelenrollen.* Goldmann, 2006.

Hasselmann, Varda: *Junge Seelen – Alte Seelen. Die große Inkarnationsreise des Menschen.* Arkana, 2016.

Lommel, Pim van: *Endloses Bewusstsein. Neue medizinische Fakten zur Nahtoderfahrung.* Patmos, 2014.

Schäfer, Bodo: *Mut zum Glücklichsein.* Bodo Schäfer Akademie GmbH, 2016.

Suddhananda, Swami: *From the Known to the Unknown, Eine Reise nach Indien und zu sich selbst.* Horizon, 2012.

Wolf, Elias: *Das Buch der 28 Chakren. Ein Handbuch zu den wichtigsten Energiezentren unseres Körpers.* Schirner, 2010.

Zoller, Martin: *Intuition als Schlüssel deiner Seele.* Giger, 2011.

Zoller, Martin: *Die Kraft der Seelensprache.* Giger, 2012

Über den Autor

Bruno Erni wurde 1968 in Zürich geboren. Er begann seine berufliche Laufbahn im Außendienst und leitete u. a. sehr erfolgreich eine Hauptagentur der größten Versicherungsgesellschaft der Schweiz. Danach spezialisierte er sich auf Businesscoaching. Seit 2009 zählt er zu den Top 100 der Speakers Excellence Trainer.

Infolge eines Autounfalls begann er, sich intensivst mit gesundheitlichen und spirituellen Themen zu beschäftigen und absolvierte viele Ausbildungen im gesundheitlichen und spirituellen Bereich.

Seine heutigen Schwerpunkte liegen in den Bereichen Bestimmung finden für den Seelenauftrag, unbewusste Gedanken lesen, Blockaden lösen, mentale Aurachirurgie für die Gesundheit sowie die Umsetzung der Kraft der Gedanken zur Zielerreichung.

Er führt erfolgreich eine eigene Praxis als Energie-Coach, veranstaltet Seminare und Kongresse.

www.brunoerni.com

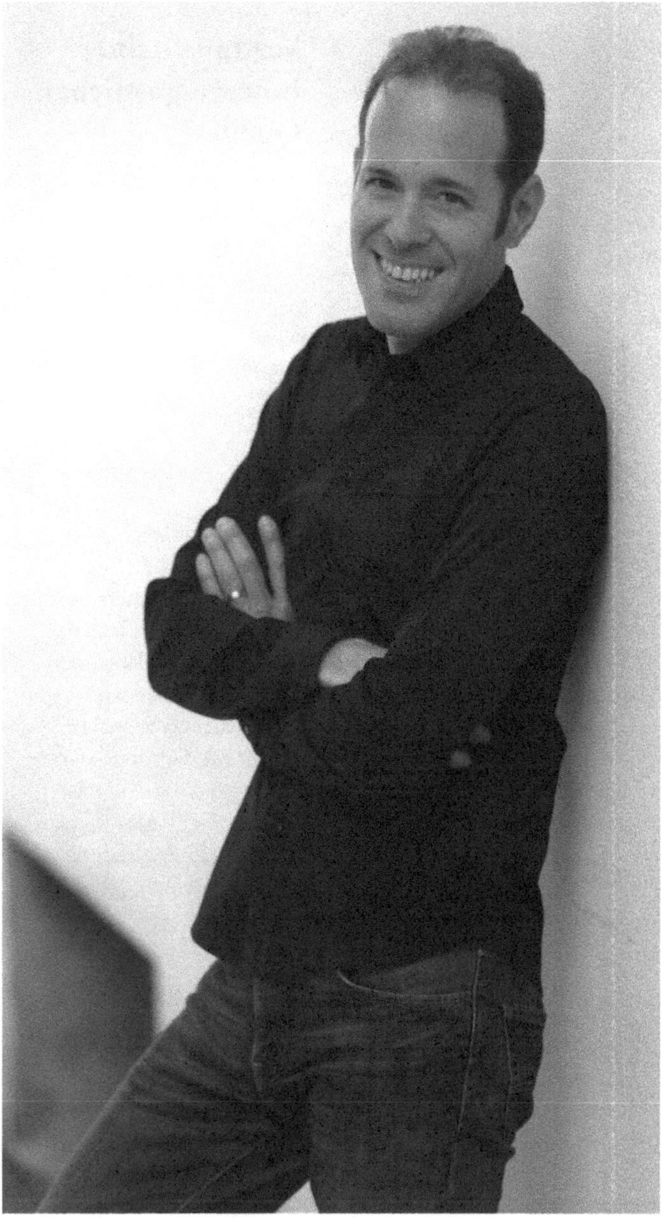

Vertraue deiner inneren göttlichen Quelle

Die Autorin möchte mit ihrem Buch Menschen zu ihrer eigenen Seelenmitte führen. Wer lernt, auf sein Innerstes zu hören, kann seine Intuition schulen und sein Herz heilen. Blockaden und Ängste lösen sich und man lernt dabei, sich selbst zu lieben und sich so anzunehmen, wie man ist. Durch den tragischen Tod ihres Lebenspartners Steve Lee, Rocksänger der erfolgreichen Schweizer Musikgruppe »Gotthard«, fand Brigitte Voss zurück zu der sensitiven Veranlagung, die sich schon in ihrer Kindheit gezeigt hatte. Seitdem absolvierte sie sechs Jahre intensive spirituelle Ausbildungen in Heilung und Medialität. Sie gibt Seminare und Lebensberatungen in ihrer eigenen Praxis in Zürich.

Brigitte Voss
Heile dein Herz
Der Schlüssel zum Glück ist die Liebe zu dir selbst
ISBN 978-3-906872-25-4

www.gigerverlag.ch

„Dieses Buch nimmt dir die Angst vor dem Tod und entwickelt dich weiter im Umgang mit dem Tod."

Der Autor Tim Braun aus Los Angeles, international bekanntes spirituelles Medium, Seminarleiter und Buchautor, gibt Ratschläge und Übungen, wie wir es besser verarbeiten, wenn wir einen geliebten Menschen verlieren.
Es erklärt auf einfache Weise, wie wir den Tod in unser Leben integrieren, uns mit dieser Erfahrung spirituell weiterentwickeln und dadurch auf das vorbereiten können, was uns alle trifft, früher oder später.
Im Oktober 2014 erschien Tim Brauns erstes Buch *Heilung aus dem Jenseits* im Giger Verlag.

Tim Braun
Das Leben mit und nach dem Tod
Heilung und Trauerverarbeitung mit der geistigen Welt
ISBN 978-3-906872-27-8

www.gigerverlag.ch